To Joe & Jean

A Shetland Bible

with every blessing

Charles Greig

TO DIANE

A Shetland Bible

Charles Greig

Illustrated by
Smirk
(Stephen Gordon)

SAINT ANDREW PRESS
Edinburgh

First published in 2009 by
SAINT ANDREW PRESS
121 George Street
Edinburgh EH2 4YN

Copyright © Charles Greig, 2009
Illustrations supplied by Smirk

ISBN 978 0 7152 0915 8

British Library Cataloguing in Publication Data
A catalogue record for this book is available from the British Library.

It is the publisher's policy to only use papers that are natural and recyclable
and that have been manufactured from timber grown in renewable, properly
managed forests. All of the manufacturing processes of the papers are expected
to conform to the environmental regulations of the country of origin.

Typeset in Zapf Book by Waverley Typesetters, Fakenham
Printed and bound in the United Kingdom by MPG Books, Bodmin

Contents

Foreword

Andrew R. C. McLellan

When Murdoch Nisbet first translated the New Testament into Scots he had to keep it hidden. In the years that followed, his family were persecuted because of it. No-one will persecute Charles Greig for *A Shetland Bible*, for in some ways we live in more gentle times; and I hope that it will not be kept hidden, for it deserves wide readership.

Of course it is guaranteed to be read widely in Shetland. Charles Greig was born in Shetland. He and I became friends during a Moderatorial visit to Shetland. He was the Presbytery Clerk, and like many Presbytery Clerks he knew everyone and everything. Also, like many Presbytery Clerks, he was very kind to us.

So he knows Shetland and its dialect, and he knows the Bible. This translation contains selected passages, but there is enough to encourage the hope that it will be read far beyond Shetland. It takes a little practice for non-Shetlanders. 'Da Göd Man' may be a recognised way for Shetlanders to speak of God, but at first it seems odd to the rest of us. But it is these very challenges which can make new translations of the Bible so stimulating.

There is a linguistic, historical Shetland interest to the book. But there is also a spiritual and a religious interest. This is not merely a translation: it is a translation of the Bible. Its purpose is that people should know the love of God. This is Romans chapter 8: 'Whit'll keep wis awa fae da love o Christ? Will ony warsel or trachle, or budder or eans fornenst wis, or fantation, or bein midder-nakit, or things ta mak wis faerd or ta mirackle wis? Na, we can rise abön aa yon trowe him dat loved wis.'

This book is a charming and modest attempt to help people read the Bible imaginatively. The greatest of all English translators, William Tyndale, said 'The nature of God's word is that, whosoever read it, it will begin immediately to make him every day better and better'. I am glad to commend *A Shetland Bible*; and I have no doubt that when we do read it it will make us 'better and better'.

Introduction

Somebody once said that I had three interests – the Church, Shetland and photography. I would have loved to have filled this book with photographs for as they say 'a picture is worth a thousand words'. However the book does reflect my deep interest both in the Bible and in Shetland. 'The Bible is in my soul and Shetland in my blood.'

I was born in Lerwick in 1951 and grew up in what was a fascinating and safe environment. Lerwick had lots of haunts for a young boy as well as an intriguing selection of lanes down to 'da street' with its shops and beyond its harbour which sheltered a variety of vessels.

However, there was something in me that hankered after the 'country' or rural Shetland with its crofts and wide-open spaces, and animals and birds. When I was very young I had already plotted my career path – I would be a minister till I was 40 and then retire to a croft and to what I considered, even at that tender age, to be 'the good life'. The sheep and kye can be glad that I changed my mind for I don't think I had the ability or patience to look after animals. In the country though, I loved to experience a traditional way of life and self-sufficiency and in the country the folk had held on to their traditional dialect much better than we had in the town. The accents were more pronounced, the vocabulary richer and there was an expression for every chore and situation as well as for every mood of the weather. So I learned and came to appreciate better the dialect of the islands.

Looking back though, I realise that most of my Shetland speech came from my mother. She had been born in Gulberwick which is now almost part of urban Lerwick, but in her day, and even in my young day, it was a world away. Her mother and aunt had come from South Nesting so there were influences from there as well. During the 1950s, there were no negative influences from television and listening to the wireless was confined to the news and the odd children's programme. As children we were more interested in enjoying the outdoors than sitting in our homes. There were two things that helped us lose our dialect and one was the company we kept and the other was our school. Lerwick was and had been a fairly 'cosmopolitan' town with a lot of incomers from mainland Scotland as well as a few from England and that had the effect of diluting our Lerwick tongues. But probably worse was school where it was considered totally disrespectful to use any Shetland words – or even for that matter Lerwick words – in the classroom. We were also given the distinct impression that any dialect was an inferior form of communication and so it was the start of my conversion to Queen's English.

The advent of television along with more incomers to the island and the pressing need to pass exams meant that dialect was less and less useful and although out of school we kept the sounds, the vocabulary was fast disappearing. At college in Aberdeen they still thought that I spoke with a strange tongue and I knew that when I started preaching I could only use my best English spoken in my clearest 'English' accent. After that, my Shetland accent was only used when I came home to Shetland on holiday or when for a fun my older brother and I would lapse back to the speech of our childhood.

In 1996 I felt called to minister in Shetland. That followed a summer when I helped out during a period when there were a number of vacancies in the islands. Returning to Shetland wasn't easy for, as Jesus said, 'a prophet is not without honour ... '. But there were greater challenges. Shetland was and had been for some considerable time a place where religion was 'brought in'. For many years, religion was provided by Scottish preachers appointed by the islands' Scottish lairds. During the dissenting years of the nineteenth century, lots of denominations descended on the islands giving us the rich variety of churches that we have today. From this has grown a perception in the Church that religion is of necessity something that we need to import and so our whole religious outlook is heavily influenced by and guided from 'the south'.

In my young day, I was aware of folk who didn't go to church yet who had a very quiet and deep faith in God. In their younger day, they would have attended church – everybody did – but why hold on to a faith that they didn't openly express? I can only guess that it found meaning in a life that was full of hardship and toil – crofting long ago wasn't the easy option I had imagined it to be. And crofting and indeed fishing were very much weather-dependent and dependent on other factors beyond human control and they would never provide a life of ease. And I know too that folk found inspiration in the beauty of the landscape they lived in and shared with a rich variety of flowers and creatures great and small.

In that struggle with outside forces, and in their appreciation of the beauty of their landscapes as well as in coping with life's experiences, they have much in common with the writers and characters of the Scriptures. My attempt in trying to render some of the Scriptures in dialect has been to draw that association closer and to encourage people to find and develop their own faith.

Most of the work of the book was done as part of a 'study leave' exercise and I appreciated having the time to reflect on passages from the Bible before writing them in dialect. The writing is in no way any kind of translation. Putting Hebrew and Greek directly into Shetland dialect doesn't really work

– the languages are worlds apart – and all you would end up with is something that would be stilted and at best difficult to read. So I have attempted to convey the sense of the passage rather than attempt any kind of accurate translation.

I also found the writing relatively easy but what was for me extremely difficult was ensuring that the spelling and vocabulary were uniform. As someone noted, my knowledge of the Bible is better than my ability with the dialect. Shetland dialect is more spoken than written and because of the different accents from the different parts of the islands getting an agreed spelling as well as vocabulary is in many cases impossible. Despite these difficulties and limitations, I hope that people find the book useful and enjoyable. I was greatly heartened when someone, who hadn't darkened the door of the kirk in many a long year, picked up a booklet of some of the passages and refused to put it down till he had read it right through.

I am told that what I write brings some freshness to the stories and teaching of the Bible and if that is so I am 'blyde'. Since much of our dialect is now Scottish in origin, I trust that what I have written will be accessible to and enjoyed by people beyond these island shores.

⊰ Old Testament ⊱

Genesis 1:1—2:3

At da very Start

At da very start da Göd Man med the heevens an da aert. Da aert hed nae shape tae it an der wis naethin in it. Hit was joost a mass o watter happit aboot i da mirk. Da speerit o da Göd Man gied aboot apo da watter. Dan da Göd Man spak, 'Lat wis hae licht.' An da licht cam an he caad it day. An da Göd Man saa dat it wis göd; an da Göd Man pairtit da licht fae da mirk. Da Göd Man said dat da licht wis day, an da mirk wis nicht. An der wis da mirknen an da rivin o da dim, day wan. An da Göd Man wis plaesed.

An da Göd Man said, 'Lat wis pit da heevens abön an da aert below, an mak a space atween dem. An da space we'll caa da lift.' So cam da mirknen an da rivin o da dim, da nixt day.

An da Göd Man said, 'Lat wis pit some grund among dis watter, an da grund we'll caa da laand, an da watter 'll be da sea.' An he wis plaesed wi whit he hed dön.

An da Göd Man said, 'Lat wis hae aa menner o things dat sproot fae da grund, plants an flooers an trees, wi fruit an seed ta cast ati da aert.' An da Göd Man saa dat it wis göd. An der wis da mirknen an da rivin o da dim, da third day.

Dan da Göd Man said, 'Lat wis pit lichts i da lift fir nicht an day, fir da months, fir da voar an hairst, an da settin oot o time. Lat da lichts brichten up da aert

– da sun be day an da mön an starns be nicht.' So he set dem i da heevens – day an nicht, licht an mirk. An he wis plaesed wi whit he hed dön. So cam da mirknen an da rivin o da dim, da fort day. An da Göd Man said, 'We'll pit fish ati da watter, an fools i da lift.' An der wis aa kind o craetirs i da deep an aa kind o fleein things i da lift. An da Göd Man gied dem his blissins an mair an mair cam till da sea an da lift wir foo. An da Göd Man saa dat it wis göd. An der wis da mirknen an da rivin o da dim, da fifth day.

Dan da Göd Man said, 'Noo we'll mak baests fir da laand. Some ta herd an some ta geng wild.' An he med aa kinds o dem. An he wis plaesed wi whit he hed dön.

Dan da Göd Man said, 'We'll need some-ean ta look efter aa dis. Some-ean a bit lik mysel – wi a haert an mind an carin joost lik me.' So he med humans – men an weemin an he gied dem his blissins. He med dem so dat dey cood hae bairns, an so dat dir bairns hed bairns as weel. An he gied dem pooer ower aa dat he hed med so dat dey wid tak care o it, an enjoy it an hae healt an strent. An he wis plaesed wi whit he hed med. So cam da mirknen an da rivin o da dim, da sixth day.

Aert an da lift wir noo med an foo o livin things. An haein dön it aa i da space o six days da Göd Man took paece on da seeventh. Dis wis ta be a speecial day – a day o paece ta tak pleasure i Göd's mak an ta mind on da wan wha hed med it aa.

4

Genesis 2, 3

Eden – da Boannie Place

Hit wis sic a boannie place. Der wir trees an bushes an flooers an trowe it aa wis a gentle burn. An aa aboot wis licht an colour an perfect paece. Abön wis da noise o fools singin dir haerts oot. Hit wis joost lik paradise. An der wis joost wan sowl tae enjoy it aa – a man caad Adie.

Da Göd Man towt dat Adie wid need some-ean ta share aa dis wi, so he med Eva – as boannie a lass as ivir der wis. Adie an Eva wir in love fae da start an coodna 've been better aff. Bit somethin nyirgit at dem, somethin dat dey coodna faddom oot. Dey hed ivirything dey needed, bit dey wanted somethin mair. Dey wanted understaandin. Dey wanted wisdim – or whit wid pass fir wisdim.

Der wis a tree dat dey wir bidden no ta touch. Somewye dey sensed dat dis wis da tree dat wid gie dem whit dey wir efter. So dey ett some o da fruit aff o it – an dat wis da beginnin and da end. Ill fan its wye inta aathing. Dir perfect paradise wis spoilt.

Da twa o dem kent dat dey hed dön wrang an dey tried ta hoid. Dat sam nicht da Göd Man cam seekin dem. 'Whit's come o you?' he said.

Adie answered him, 'We wir faerd o dee, so we tried ta hoid.'

'You're taen fruit aff o yon tree dat I telt you no ta touch. Your life 'll nivir be da sam. You'll nivir again hae

5

paece, fir noo dat you ken richt fae wrang der'll aye be a feyt athin you atween göd an bad.'

Genesis 6–8

Noah an da Doontöm

At da start da wirld wis a perfect place – bit it didna lest lang. Men an weemin wir joost human an shön foo o faats. Dey kent richt fae wrang, bit kennin an döin wir twa different things. Da Göd Man pat up wi it fir as lang as he cood bit der cam a time whan da hale thing joost got oot o haand. So da Göd Man towt dat he wid hae ta pit an end tae it aa an start again.

Bit der wis wan aafil göd livin sowl caad Noah wha aye did whit wis richt. So da Göd Man telt Noah whit he wis tinkin. 'A'm gyaan ta flöd dis place oot,' he said, 'an hoop it comes better da nixt time.' So he telt Noah ta bigg a muckle boat dat wid hadd no joost his faimily bit twa o iviry livin thing as weel. Noah biggit da boat, an whan it wis feenished, an whan aabody an aathing wis in it, der cam da most aafil doontöm. Dis doontöm lested fir weeks on end till der wisna a bit o laand ta be seen.

Wan day da lift cleared. Dan Noah slippit oot a corbie bit it didna come back. So he slippit oot a doo an seein dat der wis naewhaar fir it ta laand it cam back. Twartree days later he slippit it oot again an dis time it cam back wi a bit o branch in its neb. A start later he slippit it oot again an it bed awa. Dan dey kent dat da flöd wid soon geng.

No lang efter dis, da boat wis apo dry laand an aabody an aathing got oot. Noah gied tanks dat dey wir aa been

saved. Da Göd Man dan said dat dis wid nivir happen
again. So he pat a rainbow i da lift ta shaa fock dat dis
wid nivir befaa dem again, an dat der wid aye be voar an
hairst, simmer an winter.

Genesis 12, 17

Abraham's Feth

Chapter 12

Ee day da Göd Man said ta Abraham, 'Laeve dis place whaar du's bidin wi dy fock, fir I hae a better place in mind fir dee. Come, du'll hae dy closs kin wi dee an wan day dey'll mak a graet nation. My blissins 'll be apo dee an du'll be a graet blissin ta idders.' So Abraham set aff as he wis bidden an gied tae a laand caad Canaan.

Chapter 17

An da Göd Man said ta Abraham, 'Aye dö whit is richt an A'll mak a covenant wi dee. Du sal hae dis laand fir dee an fir aa dat comes efter dee. An I will be dy Loard, an dir Loard, noo an firivir.'

Genesis 25, 27

Da Twa Bridders

Da twa boys cam inta dis wirld tagidder bit dey wirna lik wan anidder. Hit wis nae budder ta tell dem apart. Whan dey wir owlder da first ean, Esau, likit ta hunt fir animals, bit Jacob joost bed hame aboot. Ta mak things war, da fedder, Isaac, med a lok o Esau – an da midder, Rebekah, took in fir Jacob.

Ee day Jacob wis makkin maet whan Esau cam hame efter bein oot huntin. Esau wis fantin an aksed ta git his maet richt awa. Jacob saa dat his bridder wis in a pör wye, so he said, 'A'll gie dee maet if du'll lat me hae whit richtly belangs ta da owldest i da faimily.' Esau wis dat desperate dat he wid've dön onything ta git maet. So he agreed. Jacob dan led him up a grain o maet.

A start later Isaac's haelt wis failin an ee day he wanted ta gie his blissin ta Esau, his favourite. Bit Rebekah got wird o dis an whan Esau set aff ta hunt dat day, shö set aboot wi her plan. Shö got Jacob ta trig himsel up ta mak on dat he wis his bridder. Dan shö sent him inta Isaac wi maet. Isaac wis gittin aafil blinnd bit he towt dat da voice he heard wis Jacob's. Bit Jacob wis dat med up lik his bridder dat he wis able ta pass himsel aff as Esau.

So da fedder gied Jacob his blissin. Rebekah an Jacob wir plaesed wi whit dey hed dön. Dan Esau cam hame an da truth cam oot. Bit whit wis dön coodna be altered.

Later Jacob fan oot fir himsel whit it wis lik ta be deceived. He wis aafil taen wi a lass caad Rachel an her fedder said dat he cood mairry his dochter if he wrocht tae him fir seeven years. Bit seeven years later da promised dochter turned oot ta be Leah. So Jacob hed ta wirk fir anidder seeven years ta mairry Rachel.

Genesis 37

Jacob's Boys

Jacob hed twall bairns – aa boys. Jacob wis maist taen up wi Joseph. Tae his fedder da boy cood dö nae wrang. He even med him a boannie cot da lik o whit you hed nivir clappit your een on. Joseph wis aye foo o himsel an telt his bridders dat compared wi him dey wirna muckle wirt. Ee day, an scunnered wi Joseph, da bridders took a yock o him an pat him in a greff. Some wanted ta pit an end tae him dere an dan bit ee bridder said dat things shoodna geng dat far.

Whan dey wir winderin whit ta dö wi Joseph, some traders cam by so dey selt dir bridder as a slave an dan dey med on dat he hed been killed be a wild baest. Jacob's haert wis brokken. Joseph wis dan selt tae an important body in Egypt.

Years later whan Joseph becam an important body himsel, his faimily cam ta bide wi him in Egypt ta git awa fae a black fantation. In Egypt things gied richt fir dem an dey hed nae want. Dir bairns becam weel-kent tae, an wir aye weel-aff.

Exodus

Moses Looks Efter his Fock

Wan peerie bairn hed a strenge start tae his life. Ta keep him safe fae an ill-döin king, his midder pat him in a peerie basket i da river hoopin dat some göd Egyptian wife wid be gled o a bairn an wid look efter him as her ain. Da wife dat fan him wis nane idder dan dat sam king's dochter an shö took him an brocht him up an caad him Moses.

Whan Moses wis owlder, he cam ta ken dat his fock wir fae da Hebrew tribes an he wis awaar dat dir life wis an aafil trachle. So ee day he gied ta see dem, an whit he saa med him mad. He saa an Egyptian killin wan o his fock. So Moses gied an pat an end tae him an buried his boadie i da saand. Bit fock got ta hear aboot dis and so Moses took aff and gied ta bide i da laand o Midian. An dere he mairried da dochter o Jethro da priest.

Wan day whan he wis seein ta Jethro's sheep he cam awaar o a burnin bush, an tho it wis lowin hit wisna burnin up. Whan he gied closser ta fin oot whit wye dis wis, a voice spak tae him. 'Come nae closser. Tak aff dy shön, fir du's staandin apo holy grund. I am da Loard an A'm seen da sifferin dat my fock ir pitten up wi. A'm sendin dee ta tak dem awa fae dis place.'

Efter a lok o budder da Hebrew fock finally wan awa. Bit dey shön fan oot dat winnin awa wisna da end o dir trachle. Dey laandit up i da wilds an dere dey traikit

15

aboot fir mony a lang year. Hit wis dere dat dey wissed dat dey wir back in Egypt. Hit wis dere dat dey gied up on da Loard and med an idol oot o gold. Hit wis dere dat da Loard sent dem 'manna' fae Heeven. An it wis dere dat Moses cam wi a lok o rules ta mak sure dat dey did whit wis richt.

Dis is da rules dat he pat afore dem.

I am da Loard – so dan you sal worship me and nae idder ean.

You manna mak idols an hae da föl notion dat you can traet dem lik me.

My name is holy – mind on dat whanivir you spaek aboot me.

You man lay aff wirkin apo da Sabbath.

You man aye shaa respect fir your midder an fedder.

You manna kill ony-ean.

You manna geng wi some idder body's wife or man.

You manna tak whit dusna belang ta you.

You manna tell lees ta bring budder on some-ean.

You manna set your haert on gittin whit belangs ta some idder ean.

An so Moses set his fock richt an keepit dem richt till dey wan ta da Promised Laand – da laand dat lippered ower wi mylk an honey.

Ruth 1

A Tale o Love

Tree weedoo weemin stöd wi tears apo dir sheeks. Der wis an owld ean an twa young sisters – da owld ean wis dir men's midder. Da owld ean hed a terrible trachle lossin baith her man an her boys. A start afore, da fower o dem hed left dir hame an gied ta bide among da fremd. Da boys mairried local lasses – da twa sisters – an life lippered ower wi blissins. Bit da men wir aa cassen awa laevin naethin bit da weemin an dir tears. Da owld wife, Naomi, wis set her mind on gyaan hame tae her ain fock an shö telt da lasses dat dey wir ta bide aside dir fock an fin new men dat wid care fir dem. Wan o da lasses, Orpah, saa da sense i dis bit da idder ean, Ruth, widna listen ta da owld wife. Shö kent dat some-ean wid hae ta look ta da owld wife so dat naethin cam at her.

'Lass,' Naomi said, 'geng du hame ta dy ain fock, lik Orpah, an nivir leet me. Whan I win hame aside my fock A'll be ower weel.'

Bit Ruth kent dat hit widna be sae aesy stravaigin aa yon wye an dan settin tae ta mak a livin. So shö said ta da owld wife, 'A'll no lat dee oot o my sicht. Whaar du gengs, A'll geng; whaar du lays dee doon ta rest, A'll no be far awa; dy kin sal be my kin; an dy Loard sal be my Loard; an whaar du ends dy days, dat's whaar A'll end mine.'

Whan da owld wife saa dat da young ean wisna ta be shifted shö took paece an said nae mair.

17

Ruth 2–4

At da Hairst

'Boy, du's ower göd fir dee ain göd. Lattin aa dis fock hird dy coarn fir demsels. Du'll hae nane left.' Bit Boaz wisna lik his neebor. He hed plenty o coarn an didna mind fock comin ta help demsels. Efter aa, dat wis da Loard's wye as set oot i da Laa. You hed ta lat da pör an da fremd tak a grain o your coarn.

Ee day an uncan body cam ta gadder coarn i da hairst-rig. A boannie lass wi a strenge kind o captivatin beauty. Da young sheelds coodna tak dir een aff o her. Da idder weemin wir pitten oot.

Boaz windered wha shö wis – an whit shö wis döin aside dem, fir shö lookit aafil oot a place. Some-ean said dat shö wis a dochter-in-laa o owld Naomi an cam fae a place caad Moab. Shö gied be da name o Ruth. Boaz saa tae hit richt awa dat shö wis lookit efter. He telt da boys ta behave demsels an da weemin no ta be sae silly. An he telt Ruth dat shö wis ta geng naewye idder ta gadder coarn an dat shö wis ta tak her maet aside his wirkers.

Ruth didna ken dat Boaz wis a freend ta Naomi's man. So shö windered whit wye he wis bein sae göd ta her. Boaz said, 'I ken dat du's been aafil göd ta owld Naomi. Du's a blissin an a joy ta her. I wid need ta gie dee somethin fir bein sae göd til her.' Dan Boaz said ta da wirkers dat dey wir ta bind up stooks o coarn fir Ruth an mak sure dat shö took plenty hame.

Boaz wis smitten wi Ruth an shö wi him bit nedder o dem wid shaa whit dey felt. Only owld Naomi wis awaar o whit wis gyaan on an shö wis set on gittin da twa o dem tagidder. No lang efter dat Ruth an Boaz wir mairried an dey hed a bairn caad Obed wha wis da grandfedder o King David.

1 Samuel 3:1–10

Da Loard Spaeks ta Samuel

Whan he wis a boy Samuel bed an wrocht i da Temple – da hoose o da Göd Man. Eli, da owld priest – wha wis lossin his sicht, ee nicht led him doon an neebit ower. Da lamp wis left lowin. Samuel wis neebin ower himsel whan he wis awaar o some-ean shoutin tae him. Tinkin dat hit wis da owld man he ran an aksed him whit he wis wantin. Eli said, 'A'm no wantin dee fir onything, go an tak paece.' A peerie start later da sam happened again. 'Samuel, Samuel', da voice cried oot. An Samuel tinkin dat hit wis owld Eli ran ta see whit he wis efter. Bit da owld man said again dat hit wisna him. Wance mair da very sam thing happened an wance mair Samuel gied ta see whit Eli wis wantin. Da owld man wis gittin ta be curious aboot dis so he said ta Samuel, 'If du hears da voice again dis is whit ta say – spaek Loard, fir dy servant is listenin.' Da voice did spaek – an dis time da boy listened.

1 Samuel 16, 17;
2 Samuel 23:1–5

David da King

David wis joost a boy whan he cam ta da fore. Ee day da Loard telt Samuel dat he wis ta geng an sain wan o Jesse's sons fir da boy wis ta be da nixt king. So Samuel gied, an he towt dat it wid be da owldest boy dat he wis ta sain. Dan he fan oot dat it wis da youngest ean – da wan caad David. David wis lookin ta da sheep dat day bit he cam an Samuel sained him – poorin oil ower him as wis dir wye. No lang efter dis David wis taen on ta help King Saul. He lookit efter his weapons an he played music fir him forbye.

Ee day wan o dir enemies, a graet muckle brute o a man caad Goliath, said dat he wid feyt wi ony-ean dat daared tak him on. If dey bet him, his fock wid be dir slaves, an if he lost, it wid be da idder wye aroond. King Saul's men lookit at wan anidder bit der wir naen o dem silly anyoch ta hae a go.

Aboot dis time, David wis takin maet tae his bridders dat wir in Saul's army. As soon as he wan aside dem, he cood see dat aa da men wir doon apon it. Pointin tae da Philistines, his bridders telt him aboot da challenge dat dey coodna tak on. 'Weel', said David, 'A'll hae a go.'

'Bit du's joost a boy. Du canna tak on yon munster o a man', he was telt.

'Joost lat me hae a go. Lat wis see whit I can mak o him', David said.

Dey pat a lok o armour on David bit he coodna mak muckle o it. He said it wis joost a budder tae him an wi dat he led it aff. Dan he gied an pickit five boannie stons fae da burn an wi his sling he set aff.

Da Philistines gaffed whan dey saa him comin, an Goliath towt hit wis joost a piece o nonsense. Bit as Goliath med fir da boy, David took wan o da stons an fired it at him. Da ston strak da middle o Goliath's broo an left him ston-dead. An dat wis da end o him an da start o David's pooer.

Efter a lang trachle wi Saul, David becam da King. Saul hed been aafil jealous o David an wanted ta bide as King bit he wisna very able an da fock wir needin some-ean better. An hit wis an aafil shame, fir David's best freend wis Saul's son, Jonathan. Onywye, David took ower. Wi strent and wit he shaad dat he wis da best king dey ivir hed.

David, hoosumivir, wis only human an he didna aye dö whit wis richt. Bit der wis a lok o göd in him an der wir times whan he wis aafil kind. Wan o Saul's grandbairns wis a pör body – hirplin aboot an no muckle wirt. So David took peety apo him an med sure dat he got aa dat shood've belanged tae him.

David wrat a lok o sangs in praise o da Loard an dis wis his hidmist ean.

Da Loard's speerit is heard in whit I say;

his wirds ir on my tongue.

Da king dat dus richt wi his fock an richt wi da Loard

is lik da sun on a boannie day, da sun dat maks aathing glint.

Da Loard will bliss my bairns an dir bairns,

fir dat is whit he haes promised,

an I can aks nae mair o him dan dat.

Fir dat A'll aye be blyde an foo o joy.

1 Kings 3

Solomon seeks Sense

Solomon wis med king efter David. Da nicht afore he wis crooned he hed a dream. An in dat dream da Loard said tae him dat he wid gie Solomon whitivir he wanted. Noo Solomon kent dat he needed mair as joost siller an gear, or strent an pooer, if he wis ta be a göd king. So he aksed fir sense so dat he cood understaand aathing an aye dö whit wis richt.

No lang efter he wis med king, twa weemin cam tae him in an aafil state. Da baith o dem hed gien birth ta boys bit wan o da tings wis no livin. Da baith o dem said dat da livin bairn wis dirs. Solomon lookit at dem fir a start an dan he telt some-ean ta bring him a sword.

'Der's only wan wye ta settle dis', he said. 'A'll hae ta gie da baith o you a half.'

Somewye or anidder, wan wife wis agreeable ta dis bit da idder ean started ta gowl. 'Dunna hurt da ting', shö said. 'Lat her hae him.'

So Solomon kent richt awa whit ean wis da midder an gied da bairn tae her.

Da fock took ta Solomon fir he aye seemed ta hae da sense ta see whit wis richt.

Job 5:1–7

A Lok o Budder

Roar oot Job – an see if ony-ean spaeks back ta dee. Will da angels no gie dee a haand? Hit'll dö dee nae göd ta worry. Even dem dat haes aathing can suddenly run intae an aafil lok o budder. An dir faimilies git nae help fae da Laa Coorts. Fock dat ir fantin 'll aet onything – even whit's no göd fir dem. An fock dat ir pechin an needin a drink 'll tink dat a föl is weel-aff.

Ill dusna come oot o da aert, an budder dusna sproot fae da grund. As surely as paets spark i da haert so fock 'll bring budder on demsels.

Psalm 23

Da Shepherd's Blissins

Da Loard is aye wi me;
I want fir naethin.
I set me doon apo da bank,
or daander be da watter's edge,
an his paece taks ower.
He maks things richt athin me,
an shaas me da wye ahead.

Yea even trowe da darkest
nicht o my sowl,
naethin 'll git ta me;
fir du's aye dere.
Dy gaird an dy comfirt
hap me aboot.

Du maks ready a foy fir me,
an shaas idders hoo du regards me.
Dy blissins ir aye apon me,
lipperin ower an fillin me wi joy.
I ken dat dy freendship an gödness
'll aye be aside me an 'll nivir lit me doon.
An at da end o da day
du'll bring me hame ta bide.

Psalm 24

Da King o Glory

Da aert belangs ta da Loard an ivirything dat it haads –
iviry bit o laand an iviry living sowl.
Da Loard haes set da steid o it apo da sea.
Da Loard haes set it aa aside da watter.

Wha among wis can clim da Loard's kame?
Wha among wis can staand at da Loard's place?
Wha-ivir dus an wants whit's richt.
Wha-ivir dusna dö or spaek ill.
Dey'll be blissed be da Göd Man
wha keeps dem richt an gies dem strent.

Dat's da wye o dem dat lifts dir haert tae da Loard;
dat wants ta ken he's aafil closs.

Set open da grind.
Lay back da doors.
An lat da King o glory come in.
Wha is da King o glory?
He comes wi strent an pooer.
Naethin can staand fornenst him.
Set open da grind.
Lay back da doors.
An lat da King o glory come in.
Wha is dis King o glory?
Da Loard o Heeven an aert –
he is da King o glory.

Psalm 30

Gie Tanks ta da Loard

I praise da Loard
fir he haes lifted my haert
an taen fae me iviry ill.
He wis awaar o my oobin
an pat his haand apo me.
He gaddered me up an lifted my speerit.
Göd fock, pit a sang i your haerts
an gie tanks ta da Loard.
He's tirn fir a meenit
bit der's nae end tae his love.
Greetin hings in aboot at da dim
bit der's laachter at da rivin o da dim.

Whan I wis weel-aff I towt dat naethin wid come at me.
Hit wis as tho du hed set me richt fir göd.
Yet der wir times whan I windered.
Wance mair ta dee I wis oobin,
ta dee I pat my wisses.
Whit göd 'll hit dö if I come ta naethin?
Open dy haert ta me an gie me dy pooer.
Du's taen my greetin an med hit inta joy.
Redder dan leave me doon apon it
du's pitten new life athin me.
My sowl lippers ower wi praise.
A'll aye gie tanks ta da Loard.

Psalm 65:9–13

Da Loard o da Hairst

Loard, du sends wis da sun an da doontöm
an da laand is rich an ready fir plants ta sproot.
Da burns dance doon da hill
an da grund haes nae want o göd watter.
Da ploo'd rig looks fir da voar speets
an da seeds tak hadd an da breer begins ta shaa.
Aa simmer da haet o da sun an da weet bring da plants on
an i da hairst da rigs lie ready fir da sye an spade;
aa simmer lang an i da hairst da rigs lie green an gold.
An iviry baest haes haelt an strent,
an aa natir sings da praise o da Loard.

Psalm 84

Da Hoose o da Loard

Da place dat du bides is foo o beauty, göd Loard.
Da very thing dat my sowl is set on is ta be ati dy hoose.
My haert an voice lipper ower wi joy an tanks ta da Göd Man.
Even da sparrows fin a place,
an idder fools forbye bide aboot dy hoose
whaar dey nest safely wi dir peerie chicks.
So du haes a place fir wis as weel;
an lik da fools we sing dy praise.
Dey're better plaesed whaase strent comes fae dee;
dem dat ir keen ta set aff tae da Holy Place.
As dey vaege trowe da daal
da burns dance wi lipperin glee
an peerie lochs fill wi watter.
So dem dat ir on dir wye ta dee ir foo o joy
an want ta win ta da Holy Place.
We lippen da very best; listen du ta wir haerts.
Coose blissins apo wir King; da man dat du set ower wis.
Ee day aside dee is better dan years taen up wi idder things.
I wid redder be staandin afore dy door
dan vaegin wanless i da wilds.
Da Göd Man sees ta wis an watches ower wis.
He is wir Loard; his blissins tae wis lipper ower.
Dem dat bide closs ta him want fir naethin.
Loard, du blisses dem dat haes dir haert set on dee.

Psalm 95

In Praise o da Göd Man

Athin dy holy place we gadder ta sing dy praise.
We come ta lift up wir haerts ta dee.
We come afore dee foo o tanks;
we come afore dee foo o praise.
We hadd it i wir haerts dat du is wir Loard – abön aathing.
Da very deep is i dy haand;
da muckle hills ir dine as weel.
Du med da watter aboot an beyond;
du med da laand – kame an daal.
Come set wis doon an tak paece;
wir haerts an towts ir set apo da Göd Man.
He is wir Loard an wir lik his sheep dat he tends wi care.
Dis very day lat wis listen tae him.
Mind on whit cam o wir fock
whan dey pey'd nae attention tae him
an gied dir ain wye –
whan dey vaeged wanlessly i da wilds.
If you want ta fin paece aside him
come wi göd i your haerts
an lift your towts an your een
an see whit da Göd Man is really lik.

Psalm 96

A New Sang

Praise da Göd Man wi a new sang.
Lat iviry nyook apo da aert lift its voice.
Praise da Göd Man.
Coose blissins apo him.
Lat iviry nyook apo da aert
listen ta whit he's dön:
da göd ta aa his fock.

Der's non abön him;
der's non better ta praise;
der's nae wan lik him.
Staand a start an winder.

Da things dat idders hadd oot fir ir no wirt onything.
Bit da Göd Man med wis an aathing aboot wis.
Whaar da Göd Man gengs we ir awaar o his gödness an
   grace.
Whaar da Göd Man bides we ir awaar o his pooer an
   beauty.
Come fock, see an tell idders o his glory an strent.
Come fock, see an tell idders hoo göd he really is.

Tak somethin i your haand an geng tae his holy place.
Dere on your knees lift up your haerts, an be awaar o his
   awesome speerit.
Lat aabody you come across ken dat da Loard is still
   aboot.
As sure as da kames dat staand he will come ta pit things
   richt.

Lat da heevens sing; lat da aert lipper ower wi joy;
lat da sea dance an iviry craetir in it; lat da coarn i da rigs
    sway wi glee;
an iviry baest join in da chorus o praise.

Dan da trees an bushes 'll sing fir joy afore da Göd Man
fir he comes ta set things straicht.
He'll see tae his fock
an 'll mak sure dat dey ken whit's richt.

Psalm 103

Coose Blissins on da Loard

Coose blissins on da Loard.
Wi aa dat I am, I bliss him;
I bliss him, fir aa dat he is.

I coose blissins on da Loard fae my very sowl.
Dunna firgit da göd dat he's dön dee,
da haelt dat he's brocht dee, da hoop dat is dine,
an aa da love an grace dat he shaas.
He gies dee iviry göd thing dat du cood want.
He pits a spring i dy step an lipperin joy i dy haert.

Da Loard maks things richt.
He sets up da pör dat ir pitten doon.
He shaad Moses whit he wis lik,
whit he wis ready ta dö fir his fock.

Da Loard taks peety on wis.
He dusna git in a birse bit is aye ready wi his love.
He dusna lowse apo wis or hadd things fornenst wis.

He dusna mak wis pey fir da wrang wir dön
nor gie wis ill fir da ill wir gien.
Fir as da lift is weel abön da aert
so graet is his winderfil love
ta dem dat hadd him holy.
As far as da aest is fae da wast
so far dus he shift wir ills.
As a fedder taks peety on his bairns
so da Göd Man taks peety

on dem dat minds wha he is.
Fir he minds whit we ir lik;
he minds dat we ir joost pör bodies.

As fir a boady hit's joost lik da girse, or lik a simmer flooer;
hit gits a blast o wind an is seen nae mair;
naebody minds whaar hit wis.
Bit da Göd Man's love is aye wi wis;
hit's aye dere nivir ta be shifted.
He's göd ta wis aa, an ta wir bairns, an dir bairns;
ta dem dat hadds fast tae his wird;
ta dem dat dus whit's richt.

Da Loard haes set up his throne i da Göd Place,
an reigns ower aa.
Bliss da Loard, you dat ir his angels;
you dat listen ta whit he wants
an dan geng an dö it.
Bliss da Loard, aa you dat ir his fock;
you dat ken whit he wants
an maks sure dat it's dön.
Bliss da Loard.
Fir ivirything he's med shaas his glory.
Lat ivirything athin me coose blissins on da Loard.

Psalm 121

Da Göd Man's Care

I glower abön me an far beyond.
Ta da distant kames I glower.
An I winder wha'll hadd me an help me.
Surely da Göd Man himsel 'll gie me a haand –
da Göd Man dat med aathing abön an aboot.

Da Göd Man 'll hadd you wi his haand.
He nivir taks his een aff o you an nivir lats you faa doon.
He dat looks tae his ain nivir neebs ower an is aye waaken.

Da Göd Man hadds you in aboot
an hadds aff da things dat come at you.
Nae ill sal git ta you –
da haand dat helps you, hadds ower you.

Da Göd Man hadds aff iviry ill
an hadds you tagidder.
Whaarivir you stravaig, whitivir you dö,
da Göd Man is aye dere ta look efter you.

Psalm 139

Da Loard is Aye Dere

Loard, du looks athin me an kens aa aboot me.
Der's naethin aboot me dat misses dy een.
Far as du is fae me du kens whit A'm lik.
Du sees me layin at an takkin paece.
Afore I open my mooth du kens da very wirds A'll say.
Du gengs afore me an du comes ahint.
I canna faddom aa dat du kens.
Hit's abön me an beyond.

Whaar cood I stravaig ta win oot o dy rodd?
Whaar cood I pit mysel oot o dy reck?
If I gied up ta da lift du wid be dere.
If I gied doon i da greff du wid be dere.
If I set aff wi da Solan, or gied ta da far Haaf
dere wid I fin dee – haddin me an helpin me.
Even da mirknen widna hoid me,
fir du sees me joost da sam – nicht an day.

Du's med iviry last bit o me,
woven athin my midder.
I staand an winder, bit canna tak dis in.
I can only gie dee my praise an tanks.
Du saa me at da very start –
takkin shape, growin athin my midder.
Even dan du kent aa aboot me;
even dan du saa whit wis afore me an whit wid befaa me.
Loard, I still canna tak it aa in;
hit's aa abön me an beyond.
Dy wyes an wisdim lie afore me
lik an ayre wi coontless grains o sand.

Whan I come ta mysel an whet dreamin
I ken dat du's still aside me.
Loard, look me ower wance mair
an see whit A'm tinkin;
see whit towts ir budderin me.
Tak whit's ill oot o me
an shaa me da richt wye ta geng.

Proverbs 31:10–29

Da Göd Wife

A göd wife is lik a rare peerie jewel.
Her man haes nae faer o her an kens dat he'll nivir loss oot.
Göd an naethin idder ivir befaas him.
Shö gadders oo an wirks wi a graet vand.
Afore da rivin o da dim shö sets tae
an maks ready fir da day.
Shö kens whit laand ta tak in
an der's nae want at da hairst.
Shö sits up laet wi her sock
or wi her spinnin wheel.
Shö's göd ta dem dat haes naethin
an aye lends dem a helpin haand.
Shö dusna flite aboot coorse wadder
fir her faimily ir aa weel happit up.
Shö haps hersel wi strent an dignity
an haes nae faer o whit's ta come.
Shö aye says whit's richt
an says naethin bit göd aboot aabody.
Shö taks graet care o her faimily
an haes nae time fir idle spaekin.
Her bairns tell her hoo göd shö is,
her man as weel; he says
'Der's a lok o fine weemin aboot,
bit, my jewel, der's naebody as göd as dee.'

Ecclesiastes 3:1–8

Der's a Time an a Place

Der's a time an a place fir aathing.
A time fir things ta come inta dis wirld,
an a time fir dem ta laeve.
Der's da voar an hairst, fir plantin an hirdin;
der's times ta kill, an times ta mak things better;
times ta lay asunder, an times ta bigg;
times ta greet, an times ta gaff;
times ta be doon apon it, an times ta rant wi joy;
times ta hadd back fae love, an times fir passion ta tak ower;
times ta tak some-ean tae you, an times ta pairt;
times ta geng seekin, an times ta lat go;
times ta lay things up, an times ta bal awa;
times ta rive, an times ta darn;
times fir paece, an times fir spaekin oot;
times fir shaain you care, an times ta say whit you dunna lik;
times ta set aboot things dat ir wrang, an times ta tak paece.
Hit's a funny state o affairs – i dis world o wirs;
bit whit's aye been 'll likly no change noo.

Isaiah 6:1–8

Wha can I Pit

Aboot da time dat da King dee'd I wis ati da Holy Place
o da Loard. An whit I saa med me vimmer an winder.
Da Loard sat in glory wi angels aa aboot him. Hit wis
a winderfil sicht. Da soond o dir voices wis heard i da
wind. 'Da Loard is holy. Iviry bit o da laand is foo o his
glory.' Whan dey spak da hale place shook an wis foo o
reek.

Dan I said, 'Der's nae hoop fir me – pör body dat I
am, fir A'm foo o ill an bidin aside fock dat ir nae better.
An noo, A'm lookit apo da King – da Loard himsel. Whit
'll come o me?'

Wan o da angels cam at me wi fire ta tak awa my ill.
Dan da Loard said 'Wha can I pit ta spaek tae da fock?
Wha 'll tak dat on?' So I said, 'Pit me. A'll geng an spaek ta
dem. A'll tell dem whit du wants.'

Isaiah 35:1–10

Da Wye o da Göd Man

Da place whaar naethin sproots 'll come ta life.
Da wilds 'll be foo o boannie flooers.
Dey'll be a sang i da lift
fir whaar naethin cood come at
'll be lik da best o rigs.
Aabody 'll ken dat da Göd Man's haand haes been ower it
an dey'll lift dir haerts in joy.

Pit strent athin dem dat's pooskered,
athin dem dat's led by.
Say ta dem dat's faerd,
'Da Göd Man is gyaan ta pit things richt.
He'll come an tak awa iviry ill.'

Dem dat canna see – 'll no miss a thing.
Dem dat canna hear – 'll no miss a wird.
Dem dat canna waak – 'll start ta rant.
Dem dat canna spaek – 'll start ta roar.
Burns 'll run whaar da grund is dry.
Lochs 'll fill up, an wells lipper ower.
Dere fock 'll fin a rodd caad – 'Da wye o da Göd Man'.
On dat rodd dey'll be nae ill-trickit craetirs
or wild baests ta budder you,
only göd fock, headin fir da Holy Place –
foo o joy an singin sangs ta da Loard.

Isaiah 40:1–11

Da Wird o da Göd Man

'Kyucker up my fock! Kyucker dem up!' says da Loard.
'Gie dem new haert.
Tell dem dat aa dir faats ir been forgien.
Tell dem dat A'm taen awa aa dir ills.'

Some-ean roars –
Mak a rodd fir da Loard.
Lat him come dis wye.
Straichten things oot fir him.
Pit aathing richt.
Mak his rodd slicht.
Dan whan he comes
aabody 'll see his glory.

Some-ean roars –
Tell aabody dat fock ir joost lik girse;
lik da flooers be da side o da rodd.
Dey're dere fir a start an dan dey're gone.
Bit whit da Göd Man says bides firivir.

Da Loard is comin ta pit things richt.
He's comin ta mak things better fir aa his fock.
Lik da göd shepherd he'll look efter his flock.
He'll hadd da peerie lambs in his skurt
an aa da yowes 'll come ahint him.

Isaiah 53

Da Will o da Loard

Wha cood tak it in? Wha cood hae towt dat da Göd Man hed a haand in it? Yit it wis da will o da Loard. He cam tae wis an ill-lik body. He wis naethin speecial, or so we towt. We pey'd nae attention tae him; we nivir took him on. He pat up wi a lok o sifferin an ill bit we joost gied by an didna budder. Whit he siffered – he siffered fir wis. Da ill dat cam at him – wis ill dat shood've come ta wis. Whit he did fir wis – med wis better. We wir joost lik almark sheep gyaan whaar we likit an döin whit we likit. An da budder dat we shood've hed – he took tae himsel.

Dey wir ill tae him bit he said naethin. Dey gied him a hard time o it bit he nivir leeted dem. Ta end up wi dey pat him ta daeth tho he hed nivir said or dön onything wrang.

Da Loard said, 'I lat him siffer an trowe his daeth fock 'll be forgien. Whit he's dön 'll nivir be firgotten. Da gödness he shaad 'll aye live on. Da love he shared 'll aye mak fock better. Fir in giein himsel he took awa aa wir ills. Wi aa dat he's dön he'll hae a place abön aa idders.'

Isaiah 61:1–4

Da Göd Man's Speerit

Da Göd Man haes pitten his speerit athin me. He haes
sained me an pitten me tae da fock dat needs a haand.
He's pitten me wi göd uncans ta dem dat hae budder.
He's pitten me ta kyucker up dem dat ir doon apon it. Ta
slip oot dem dat's been pitten awa. An ta lat aabody ken
dat da Loard is at haand. He's comin ta pit things richt an
ta mak fock better. Fock dat ir greetin 'll shön be laachin.
Fock dat ir pör bodies 'll hae new life athin dem. Fae da
brucks o dir hooses dey'll set tae an bigg again. An shön
aathing 'll be back tae da wye dat it wis – da wye dat da
Göd Man wants hit ta be.

Isaiah 65:17–25

A New Wye

A'm gyaan ta pit by aathing dat's owld an dön – an start ower. Da heevens an da aert 'll be lik a new place. Fill your haerts wi joy fir iviry place 'll be foo o blyde fock. Dey'll be nae mair greetin, nae mair distress. Nae ill sal come ta peerie tings o bairns an aabody sal be livin an life tinkin. Aabody sal hae a göd hame an fine laand an aabody sal live in paece. Even afore dey ken whit dey want A'll gie hit tae dem. Even afore dey aks A'll ken whit dey're seekin. Even da baests 'll live in paece wi wan anidder so naebody an naethin sal be a budder or mak a bruck in aa my holy place.

Jeremiah 31:31–6

A New Start

Da Göd Man says, 'A'll mak anidder agreement wi my fock. No lik onything A'm dön afore. Lang ago dey pey'd nae heed ta me tho I wis lik a fedder tae dem. Bit dis new ean is no da sam fir A'll mark hit apo dir very haerts. I will be dir Loard an dey sal be my fock. Dey'll be nae need fir an Upstaander fir aabody 'll be göd fae da owldest ta da peeriest bairn. I sal owerlook dir ills an firgit whit's past. I da Loard am spokken.' Da Loard sends da sun be day an da mön an starns be nicht. He sets up a vaelensi at sea. He is da Loard. As lang as da kames an seas ir aboot wis so lang will we be his fock.

Hosea 6:1–6

Startin Ower

Bairns, lat wis geng back tae da Loard. He's riven things
sindry ta mak dem better. Whit he rives he grafts. Fir a
peerie start wir pitten oot an dan we kyucker up – an
things ir better. Da Loard 'll come tae wis, der's nae faer
o dat. He'll come lik da rivin o da dim; lik da voar speets
dat mak da aert clair fir saain.

Der's times whan I dunna ken whit ta dö wi you.
Your love is lik a clood i da forenön or lik da dew – hits
shön gien. Nae maitter whit A'm said an dön you pey
nae heed. Whit I wis seekin wis your love – an you cam
wi sacrifices. I wis seekin fir you ta understaand – no ta
come wi a bruck o bens.

Hosea 11:1–11

Love dat Hadds oot ta Aathing

Whan Israel wis a bairn, I happit him aboot wi care. Whan he wis cassen awa I cam ta tak him hame. Bit da mair I gied efter him – da mair he gied fae me – layin store be da idols o da fremd. Fae me dey learned ta waak an whan dey fell ower I took dem up in my skurt bit dey nivir lat on dat I wis da wan dat lookit efter dem.

I held dem in aboot wi graet kindness. I lifted dem up an kerried dem. I took dem in my airms an gied dem maet.

Fir aa dat A'm dön fir dem dey'll geng back ta dir owld wyes, dat I ken. An der'll be an aafil onkerry, an life fir dem 'll geng in a bruck. Dey'll mak on dat dey ken whit's göd fir dem – an dat'll be dir doonfaa. An dey'll git in a guddle an no fin dir wye oot o it.

Na bairns, I canna gie up on you. I canna bal you awa. I canna turn my face fae you an laeve you in a warsel. A'm ower saft-haerted. My care fir you is ower göd. A'll no git in a birse an lay you in a bruck. Fir I am da Göd Man – no some ill-trickit craetir. I am da Loard an A'll no come at you wi onything but göd. Aa my fock 'll come ta me whan I git rid o aathing dat budders dem. Dey'll set aff fae da wast. Dey'll come runnin fae da sooth, fae iviry ert dey'll flee an I, da Loard, will bring dem hame ta bide.

Jonah

Sent be da Loard

Ee day da Loard telt Jonah dat he wis ta set aff tae a toon caad Ninevah dat wis foo o ill-döin fock. Jonah wisna set on fir dis so he set aff oot o da rodd. He traivelled ta Joppa an dan gied ta sea on a lang trip. Da Loard wisna plaesed so he led on a vaelensi dat med da men i da boat aafil faerd. Da men windered whaase faat it wis dat dey wir gittin dis budder an Jonah lat on dat it wis likly him. 'Pit me ower da side', he said, 'an dan you'll git paece.' A muckle fish took a yock o Jonah an pat him back hame. Whan he wis athin da fish Jonah promised da Loard dat he wid dö whitivir he wis bidden. So sure anyoch dis time Jonah set aff fir Ninevah. An whan he got dere he started ta praech. 'If you dunna dö richt dan da Loard 'll set apo you an lay you sindry', he telt da fock.

Whit happened nixt wis no whit Jonah wis lippenin. Aabody, an even da King, pey'd attention ta whit Jonah said an wir sorry fir da ill dey hed dön. Da Loard wis plaesed an telt dem dat since dey wir döin richt he wid spare dem ony budder. Jonah took da dorts. He said ta da Loard, 'I shood've lippened dis. Fir I ken dat du dusna want ta hurt ony-ean. Bit is it richt dat du shood joost lat dem aff wi whit dey're dön?'

Whan Jonah wis tinkin aboot aa dis he sat doon aside a plant dat hed sprooted up fae da streen. Da plant gied him shelter fae da sun. Da nixt day da plant fell ower an dee'd. Jonah wis aafil pitten oot aboot dis fir he felt dat sorry fir da pör plant. So da Loard said ta Jonah, 'If du can tak peety on a plant whit wye can I no tak peety on aa da fock i dis muckle toon? Efter aa, der's an aafil lok o fock bidin here, alang wi aa dir animals.'

Micah 4:1–4

Takkin Paece

Der'll come a day when da muckle kame wi da Holy Place o da Göd Man 'll staand abön aa idders. An aa da fock fae iviry ert 'll head dat wye. 'Lat wis clim da kame ta da Göd Man's place, fir he'll shaa wis whit wir ta dö. Dere he'll shaa wis da richt wye ta live.'

In his Holy Place we fin oot aboot his wyes fir dis is whaar he spaeks ta wis. Whanivir der's an onkerry he'll pit paece i da fock – fock aroond aboot wis an fock far awa.

Wi da gear dey feyt wi dey'll mak gear ta ploo wi. Wi gear ta hurt idders dey'll mak gear ta hird. Dey'll nivir be anidder onkerry wi feytin an makkin a bruck o aathing. Iviry livin sowl 'll tak paece. Dey'll hae dir ain laand an plenty o maet, an dey'll hae nae faer o onything. Da Göd Man 'll see ta aa dis.

Micah 6:1–8

Whit da Göd Man Wants

Pey heed ta whit da Göd Man is pitten afore you. Lat
aabody ken whit he haes ta say. Da Loard is no plaesed wi
whit haes been gyaan on. He says, 'Whit wye am I pitten
you aboot? Whitna wye am I laanded things apo you? Tell
me dat? I brocht you fae your trachle i Egypt whaar your
mesters ill-traetit you. I sent Moses, Aaron an Miriam ta
tak you awa fae yon place. An forbye dat, whan idders
wir oot ta git you I med sure dat you wir safe. Mind on aa
yon; dan you'll ken hoo much I wanted things ta be richt
fir you.'

Whit sal I gie ta da Göd Man, da Loard o heeven,
whan I geng ta his hoose? Will I gie him da best o my
kye? Will I gie him aa my best yowes or aa my best crops?
Will I even gie my first bairn ta pey fir da ill dat A'm dön?
No, dis is whit da Göd Man wants: fir wis ta aye dö whit
is richt; ta help idders wi an open kindness; an ta live
paeceably, mindin dat he is aye wi wis.

⊰ New Testament ⊱

Luke 2:1–7

Da Birth

At yon time da Roman Emperor med up his mind ta lay mair taxes apo da fock. So aabody hed ta be coontit i da place whaar dey cam fae. Joseph, wha wis bidin in Galilee, hed ta geng ta David's toon caad Bethlehem. An he gied wi Mary, fir da twa o dem wir gyaan trang. Mary wis lippenin. Whan dey got ta da place, Mary wis aboot ta gie birth so dey lookit fir somewye ta bide. Da only place dey cood fin wis a byre, fir der wis nae room at da inn. An dere i da byre shö hed her bairn – a boy – an ta keep him warm shö happit him aboot wi strips o cloot an shö led him i da strae.

Matthew 2:1-11

Da Men fae da Aest

Aroond aboot dis sam time der cam fae da aest men dat kent aboot da starns. Dey hed been awaar o a new starn an dis telt dem dat a speecial king hed been born. Dey wanted ta see dis new king an worship him, so dey set aff wi da starn afore dem. Dey laanded up in Jerusalem aside King Herod, fir dey towt dat wis whaar da bairn wid be. Bit Herod kent naethin aboot dis new speecial king so he aksed aa his clivir fock whit dey kent. Herod, of coorse, wis aye faerd dat some-ean wid tak his croon fae him, so he wanted ta ken whit wis gyaan on.

Da clivir fock telt him dat dis speecial king wid be born in Bethlehem, fir dat wis whit da Göd Book said. So Herod sent da men dere wi da understaandin dat whan dey fan da bairn dey wid come back and lat him ken. He wanted ta geng as weel, he said, an worship da bairn himsel – tho der wisna a drap o göd in his haert.

Da men fae da aest set aff fir Bethlehem wi da starn still afore dem. An it led dem richt ta whaar da bairn wis. Dey wir da blyde ta see da bairn wi Mary his midder, an dey fell apo dir knees an worshipped him. Dan dey haanded ower da presents dey hed brocht – gold, frankincense an myrrh.

Matthew 3

Jesus' Cöshin

Der wis a man caad John dat cam ta be a cöshin ta Jesus – his midder Elizabeth wis a freend ta Mary. John wis an uncan kind o body, bidin i da desert an livin aff o locusts an wild honey. Bit he wis a göd sowl an wanted ta pit fock richt wi da Loard. Aabody cood see da göd in him an dey gied tae him seekin ta be better fock dan dey wir. Ta gie dem a new start, John wid baptise dem i da river Jordan.

Noo John didna lik da holy men fae da Temple an he telt dem whit he towt o dem. He said dat wan day dey wid get whit wis comin tae dem.

Ee day Jesus cam ta John an aksed if he wid baptise him. John wis taen aback at dis an said dat he wisna fit ta dö it. He said dat hit wis surely Jesus dat wid baptise him. Bit Jesus said, 'No, dis is whit da Loard wants.' So John set tae and baptised Jesus.

Whan Jesus cam oot o da watter da Loard's speerit cam apon him lik a doo. Dan some-ean spak fae abön an said, 'Dis is my son, an my blissin is apon him.'

Matthew 4:1–11

Jesus i da Desert

No lang efter he wis baptised, Jesus gied tae da desert fir a start. He wis dere a lang time wirkin oot whit he wis gyaan ta dö.

Whan he wis fantin da Deevil cam aboot him an said, 'If du is da Göd Man's son, du cood aesy mak bread oot o yon stons.' Bit Jesus said, 'Da Göd Book says: You need ta hae mair as bread ta live wi. You need ta hae iviry wird dat comes fae da Göd Man.'

Dan da Deevil took him tae da Temple in Jerusalem an set him richt at da tap o da buildin an said, 'If du is da Göd Man's son, du cood aesy jimp fae here, an afore du hat da grund da angels wid come an save dee.' Bit Jesus said, 'Da Göd Book says dat it's no richt ta test da Göd Man in dis wye.'

Da Deevil dan took Jesus ta da tap o da kames an shaad him aa da laand dat lay afore dem. 'A'll gie dee aa dis an mair, if only du wid faa doon an worship me.' Bit Jesus said, 'Awa wi dee. Da Göd Book says dat da Loard, da Göd Man, is da only wan dat we shood worship an serve.'

Dan da Deevil gied, an angels cam in aboot ta be aside Jesus.

Luke 5:1–10

Fishin fir Fock

So Jesus set aboot his wark. He telt fock aboot da Loard an shaad dem hoo dey shood tak care o wan anidder. Hit wisna an aesy job so he towt dat he wid git some-eans ta help him. An da first eans dat he aksed wir twartree fishermen.

Ee day he wis watchin dem wirkin wi dir nets. He gied ower ta spaek ta dem an sat on wan o dir boats. He dan got da men ta pit da boat ida watter so dat he cood spaek ta da crood o fock dat hed started ta gadder. Whan he feenished spaekin he said ta wan o da fishermen, caad Peter, 'Tak dis boat oot ferder an cast your net.'

'Mester', said Peter. 'Wir been fishin aa nicht an wir no catched a thing. Whit wye dus du imagin der's fish ta be catched? Bit onywye joost ta plaese dee we'll dö whit du wants.'

So dey bal'd da net ower da side an started ta drag it. In nae time ava da net wis foo o fish. Hit wis dat foo dat dey cood hardly hadd on tae it. So dey shouted fir help an some men brocht anidder boat alang side. Whit a trachle dey hed, bit dey managed ta laand aa da fish.

Peter kent dat der wis somethin uncan aboot aa dis. He saa dat Jesus wis a speecial body – wi somethin speecial in mind. Jesus lookit at da men an said tae dem, 'Come bairns. Fae noo on it's no fish you'll be catchin, bit fock.'

Matthew 5:1–10

Da Loard's Blissins

Blist ir dem dat ken dey need da Loard
dey'll git ta da Göd Place.
Blist ir dem dat ken vexation
dey'll be gien strent.
Blist ir dem dat ir gentle
dey'll be at hame i da hale aert.
Blist ir dem dat ir fantin fir whit's göd
dey'll ken der dön richt.
Blist ir dem dat forgie
dey'll be forgien.
Blist ir dem dat ir affil göd
dey'll be closs ta da Göd Man.
Blist ir dem dat wirk fir paece
dey'll be caad da Göd Man's bairns.
Blist ir dem dat git budder fir döin richt
dey'll hae dir rewaard.

Matthew 5:43–8

Da Loard maks Sense

Hae a care fir dem dat gie you budder. Be göd ta dem dat dunna lik you. Seek blissins on dem dat dö you ill. If you only care fir dem dat cares fir you – whit's sae göd aboot dat? Aabody dus dat. If you gie ta dem dat gies ta you, you're no dön onything speecial. Aabody dus dat.

Be göd ta da fock dat canna help you. Gie ta dem dat canna gie you onything back. Dat's da wye o da Göd Man – an dat's da wye dat da Göd Man wants you ta be. Tak peety on fock – da wye dat da Göd Man taks peety on you.

Matthew 6:2–13

Aye be Moaderate

When you gie some-ean a haand dunna lat aabody ken whit you're dön. Whit you dö is mair important dan gittin a lok o praise. Whan you gie ta some-ean dunna lat ee haand ken whit da tidder haand is döin. Da Göd Man himsel 'll tak note o da göd you dö an da kindness you shaa.

Whan you pray ta da Göd Man dunna staand afore idder fock, makkin on hoo göd you ir. Tak aff tae a place be yoursel an tell da Göd Man whit's in your haert an he'll gie you whit you're really efter. Whan you spaek ta da Göd Man, dunna haep up a bruck o wirds – tinkin dat da mair you say da mair he'll listen. Plaen spaekin is aa he wants. Whan you pray, dis is aa you need ta say …

Da Loard's Prayer
Fedder up abön, dy name is holy.
We bow wirsels afore dee.
May du aye reign among wis;
may dy wyes aye be wir wyes.
Gie wis dis day da maet we need.
Forgie da ills wir dön
as we forgie da ills dön ta wis.
Dunna mak life fir wis a trachle
bit save wis fae da soaroo.

93

Matthew 6:25–33

Da Care o da Göd Man

Dunna fash yoursel aboot da maet you'll set afore you, or aboot da claes you'll pit on. Der's mair ta you dan whit you aet. Der's mair ta you dan whit's apo your back.

Tink o da fools; dey dunna wirk i da rigs or pit aets i da barn. Bit da Göd Man gies dem plenty. Will he no dö da sam fir you? Tink o da flooers be da rodd. Dey dunna set at wi dir oo or dir yarn bit even da best o kings – Solomon – wi aa his finery didna look as boannie as dem. Da Göd Man even sees ta da girse dat grows wild – tink you will he no tak care o you? You man hae mair feth.

Peerie birds ir twa a penny bit da Göd Man watches ower each wan. He kens aa aboot you – iviry last bit. Tink you will he no tak care o you as weel?

Matthew 7:1–11

Seein Sense

Dunna staand abön idders an fin faat – dat's no da wye o da Göd Man. Dunna pit idders doon – hit's no whit da Göd Man wid dö. Forgie – dat is da wye o da Göd Man. An da mair you gie – da mair you'll git. Da Loard sal see ta dat.

Keep aksin – you'll git whit you need. Keep ransellin – you'll fin whit you're efter. Keep knockin – you'll git ta whaar you want ta be. If a bairn akses fir bread, whit fedder wid gie dem a mak on? If a bairn akses fir fish, whit fedder wid play a trick on dem? Fedders ir maybe no aye da best bit dey want naethin bit da best fir dir bairns. Tink you dat da Göd Man wha is perfect wid want onything idder fir aa his bairns?

Matthew 11:28–9

A Gentle Mindin

Come ta me, you dat ir led by wi whit you hae ta tak on an A'll gie you rest. Tak my yoke apo you an A'll shaa you da wye ta be. Fir I am gentle an moaderate an you can aesy tak paece.

Matthew 12:9–14

Döin Göd on da Loard's Day

Ee day Jesus gied ta da kirk. Dere der wis a body wi a pör haand. Some fock wanted ta mak oot dat Jesus wis döin ill so dey aksed him, 'Is hit richt be da Laa ta mak some-ean better on da Loard's day?' Jesus said, 'Whit if wan o you hed a yowe dat fell i da stank taday. Wid you no geng an tak a yock o her an poo her oot? Surely a body is wirt mair dan a yowe. So dan, da Laa dus lat wis help some-ean on da Loard's day.'

Dan he said ta da body wi da pör haand, 'Pit oot dy haand.' He pat oot his haand an it bettered up an wis joost lik his göd ean.

Dem dat cam ta gie Jesus budder wir no aafil plaesed.

Matthew 20:1–16

Wirkers i da Vineyard

Hit wis da time o da hairst an ee man wis needin a lok o help. His crops hed ta be taen in fast. So he gied ta da place whaar men dat wir seekin wark gaddered. Takkin da best o dem, he set on a wage, promisin ta gie dem a silver croon fir dir trachle. So da men cam an set aboot da wark.

A start later he saa dat he wis needin mair men. So he gied back ta da place an took on twartree idder eans an said dat he wid see dem richt. Trowe da day, twice ower, he did da very sam so dat his fairm wis teemin wi wirkers. Dan laet i da efternoon he gied wance mair. Der wir still fock hingin aboot so he took dem on as weel. He wis set on gittin da wark dön in a day.

Whan aathing wis gaddered in, da fairmer said tae his head man, 'Tell da fock ta come an git dir money an bring da hidmist eans first.' So dey cam in aboot an each wis gien a silver croon. Seein dis, da men dat wrocht aa day towt dat dey wid surely git a grain mair. Bit no, dey joost got da very sam. Dey took on an nyirgit aboot dis, sayin dat it wisna richt. 'Dey're wrocht fir only an oor an wir trachled aa day, yet du's pey'd wis joost da sam.'

'Listen', said da fairmer, 'A'm no taen a laen o you. A'm gien you whit we agreed at da start o da day – wan silver croon. Tak it an geng hame. Whit I gie ta ony idder ean is up ta me, efter aa hit's my money. Surely naebody can hinder me ta dö wi it whit I want. Maybe you dunna tink it richt fir me ta open my haand.'

So Jesus feenished up be sayin, 'Da hidmist sal be foremist, an dem dat's foremist sal come at da hinder end.'

Matthew 25:14–30

A Guddick fae Jesus

A möld-rich laird towt dat he wid head sooth fir a time. So he telt his men dat dey wir ta look efter aa dat he hed. Bit kennin dat dey hed different abilities he pairtit it aa oot as he towt best. Ta da foremist he gied da maist. Ta da nixt he haanded ower no sae muckle an ta da tidder a göd drap less. Dan he set aff.

Da foremist o da men pat his siller ta wirk. He bocht an selt gear an shön he doobled whit he set oot wi. Da nixt ean did da very sam an he med twice whit he set oot wi as weel. Bit dan cam da hidmist ean. He towt dat hit wis ower muckle o a chance ta dö onything bit bury hit i da grund.

A start efter da laird cam back. Da foremist ean said, 'A'm med dee da sam as du gied me.'

'Weel dön, boy', said da laird, 'I see dat I can trust dee ta wirk herd.'

Da nixt ean cam an he said da very sam as his freend. 'Weel dön, boy', cam da reply. 'I see dat I can trust dee as weel.'

Da hidmist ean wis better at spaekin as döin. 'Mester', he said, 'du's a faersom body, aye lippenin somethin fir naethin. I wis faerd o dee so I towt dat da best thing ta dö wis no ta tak a chance. So dis is dine. Whit du gied me A'm haandin back ta dee.'

'Du langsome lipper, du kent dat I wid lippen somethin fir whit I gied dee an du's dön naethin aboot it. Du didna even tink ta pit hit i da bank dan I wid've got somethin mair back. Whit use is du ta ony-ean?' Dan he said ta wan o his men, 'Tak whit I gied him an haand it ower ta da wan wi da maist. Fir da mair you hae da mair you'll git.'

[Dis guddick o Jesus wisna aboot gadderin gear – hit wis aboot feth an love. Whan you tink o hit dat wye hit maks a lok o sense.]

Mark 10:13–16

Da Bairns

Some midders brocht dir bairns ta Jesus in da hoop dat he wid gie dem a blissin. Noo seein dat Jesus wis braaly tired, his freends got aafil tirn an telt da midders dat Jesus coodna be buddered wi dem.

Whan Jesus saa whit wis gyaan on, he wis even mair tirn wi his freends an said, 'Dunna hinder da peerie bairns ta come ta me. Da Göd Man's love is speecially fir dem, fir dey hae a speecial place in his haert. Listen ta me – if you dunna accept da Göd Man's love lik a peerie bairn you'll nivir git ta da Göd Place.'

Dan Jesus took an blissed aa da bairns, an gied dem each a cuddle.

Luke 5:18–26

Back on his Feet

Hit wis an aafil budder an dey wirna sure dat dey wid manage bit fir sake o dir freend dey hed ta try. Dir freend wis a pör aamos craetir. He coodna rise tae his feet an geng aboot lik idder fock. He joost lay dere an wis waited apon haand an fit. So whan dey kent dat Jesus wis veesitin dir village dey pat da pör man on a board an kerried him ta Jesus.

Jesus wis teachin in a hoose, bit der wis sic a crood o fock at da hoose dat dey coodna win in. Fir a start dey windered whit ta dö. Da only thing dey cood dö wis ta clim da ootside stair an win on ta da röf. Dan dey took awa a bit o da röf an lowered da man doon – richt afore Jesus.

Seein hoo determined dey wir, Jesus saa da feth dey hed. He lookit at da pör body an said, 'My freend, aa dy faats ir forgien.'

Da holy fock dat wir staandin aboot said ta wan anidder, 'Wha dus he tink he is? Surely hit's only da Loard dat can forgie fock da ill der dön?'

Jesus cood see whit dey wir tinkin, so he said ta dem, 'Whit tink you is da aesiest? Ta say dat da ill du's dön is forgien, or ta say – rise up an geng on dy wye?'

Da holy fock didna daar say a wird.

Jesus said ta da pör body, 'Rise ta dy feet, pick up dy board an set aff fir hame.'

So da man raise tae his feet. He lifted his board an as he set aff fir hame, he praised da Loard.

Da fock dat wir dere wir filled wi awe an dey praised da Loard as weel, fir dey hed seen a winderfil miracle.

Luke 7:36–50

A Boannie Thing

Seemon hed aksed Jesus ta come fir his denner. Hit wis whit fock lang ago did an hit wisna aye dön oot o freendship bit redder hit wis a fedder i your kep ta hae some important body aside you.

Onywye, while dey wir aa sittin an aetin, fock wid come an listen ta whit da important body hed ta say. Alang wi da fock dat cam in aboot dis day wis a wife dat stöd aside Jesus. Dis wife took da peerie bottle o precious perfumed oil dat wis aboot her neck an shö poored it ower his head.

Aa da fock dat wir dere glowered. Dey kent dat dis wife wis a limmer an yit Jesus didna hinder her. So dey said, 'Yon cost a lok o money. Wid hit no 've been better tae 've selt da perfume an tae 've gien da money ta da pör?'

Seemon wis dat pitten aboot as weel dat dis göd teacher hed onything ta dö wi da wife, so he said, 'Did du no ken dat shö wis a limmer an dat göd fock 'll hae naethin ta dö wi her?'

'Seemon', said Jesus, 'shö's dön me a pooer o göd. Shö seems ta ken whit's afore me an wi real love in her haert shö's dön a boannie thing. Bit dee, Seemon, du seemed ta firgit aa dy menners. Du didna gie me ony watter fir my feet. Du didna even gie me a richt welcome. Yit dis kind sowl has shaad hoo muckle shö cared. Da göd shö's dön dis day 'll aye be spokken aboot.'

Luke 9:10–17

Bannocks an Fish

Jesus wis dat buddered wi wark an wi fock comin aboot him dat he hed nae time ta tak maet. So he towt dat he and his men wid geng an tak paece somewye oot o da rodd. Bit da fock saa dem gyaan an set aff efter dem. Hit wisna lang afore a graet crood o fock gaddered, so Jesus telt dem ta sit doon. Dan he spak tae dem aboot life an da Loard.

Efter a start Jesus' men cam an said dat dey wid need ta pit aa dis fock ta git maet. Bit Jesus windered if his men coodna gie dem somethin ta aet demsels. 'Whaar can we fin anyoch maet ta feed aa dis fock? An wha's gyaan ta pey fir it?' dey said.

Androo dan cam in aboot wi a peerie boy an said, 'Dis peerie boy haes come wi five beremeal bannocks an twa bits o fish. Maybe we can mak a start wi dat.'

Jesus again got aabody ta sit doon – der wis hunders an hunders o dem. Dan he blissed da bannocks an fish. Haein gien tanks ta da Göd Man, he haanded dem oot ta aabody. Da fock – iviry last wan – took dir fill an der wis plenty left ower. 'Gadder up whit's left', Jesus said. An his men gied an each filled a basket.

Luke 10:27–37

Da Göd Samaritan

Jesus said, 'Du sal love da Loard wi aa dat du haes an du sal love dy neebir lik dysel.'

Bit da man aksed, 'Wha is my neebir?'

An Jesus said, 'A'll tell dee a story.'

A man set aff ee day wi his baest laden wi aa kinds o gear – göd gear dat he wis takkin aest ta sell. He gied at da heicht o da day whan naebody wis aboot – aless dem dat wir up ta nae göd, an ta dem he wis a sittin deuk. As he cam by dey set aboot him. Efter baetin him up an takkin aa his gear dey left him lyin i da rodd no hardly livin.

As it happened a priest, a holy man, cam alang dat sam rodd. He saa da pör body lyin afore him an windered whit ta dö. He gied peerie wyes fir he didna ken whit he shood dö. Da body lay still, dat still dat he windered if der wis still life atil him. 'Better no lay haands on him', he towt, 'in case he's no livin, fir dan A'll no git ta wirk i da Temple fir a start. Yis, A'm better aff oot o here.' An wi dat he gied past da pör man, makkin on dat he didna see him.

Bit da day hidna worn on muckle mair whan some idder ean cam doon dat very sam rodd. He wis a göd man, weel respected, an he wrocht i da Temple tae. Whan he saa whit lookit lik a pör body lyin i da rodd he kent richt awa whit micht be gyaan on. 'Dis is a mak-on', he towt, 'ta trap ony-ean dat stops by ta see tae da man.'

He wisna gyaan ta be taen in. 'A'm gittin oot o here fast', he said tae himsel, an he gied by as weel, makkin on dat he didna see da man.

Whan aa hoop wis aboot gien, an uncan man happened ta come by. He wis wan o da fremd. He hed a baest laden wi gear an wis a target joost lik da pör man hed been. Bit onywye he stoppit ta see whit he cood dö. He cleaned oot da pör man's wounds wi wine an dan pat strips o cloot aboot dem. Haein happit da man aboot, he set him on his baest an took him ta da nearest place whaar dey cood git a bed fir da nicht. Dere he took care o him an got him somethin ta aet. Da nixt moarnin he gied da owner some siller an aksed if he wid look efter da pör man fir twartree days till he wis some better. He said dat if he spent mair on da man he wid settle up wi him da nixt time he cam by.

Dan Jesus said, 'Noo wha tinks du wis a neebir ta yon pör sowl – da holy ean, da göd ean or da uncan body dat wis da fremd?'

An da man answered, 'Da ean dat took care o him.'

Jesus said, 'Weel, geng du an dö da very sam.'

Luke 10:38–42

Mattie an Mary

Der wis ee hoose dat Jesus likit ta veesit. Hit wis da hame o Mattie an Mary, twa sisters dat hed a bridder caad Lazarus. Wan day Jesus gied alang dem only ta fin Mattie in a steer. Mary wis da kind o body dat noo an dan gied in a dwaam. Dis sam day shö seemed ta be wirkin nae sense ava. Mattie wisna best plaesed ta be laanded wi aa da wark an dat pat her in mair o a steer. Whan Jesus cam in shö gied in a dirl ta clean an mak maet. Mary shön saa dat Jesus wis seekin a freend an no joost some-ean ta set maet afore him. Shö sat aside him an listened ta whit he said.

A start efter, Mattie cam in by in an aafil styooch. 'Mester, dus du no care dat my sister haes left me wi aa da wark ta dö? Pit her ta gie me a haand.'

'Mattie, Mattie – tak paece, lass. Du's taen dat muckle apo dysel – an dat muckle is budderin dee. Dis day du wis only needin ta tink o wan thing – lookin tae dy veesiters. Mary saa dat I wis needin ta spaek mair as hae maet, an bliss her, shö's come an spokken tae me an shö's dön me a pooer o göd.'

Luke 14:7–24

Bidden tae a Foy

Jesus wis bidden tae a foy. An at dis foy he saa hoo fock med oot hoo important dey wir. So he said ta da fock, 'Hit's maybe better no ta tak da best saets, fir if some important body is bidden you'll maybe hae ta gie up your place fir dem. Dan you'll be affrontit whan you're pitten ootbye. It's better ta start aff ootbye; dan you'll maybe be aksed ta sit at da tap table. Wha-ivir pits demsels abön idders sets demsels up fir a doonfaa. Bit dem dat starts aff at da boddam can only come up.'

Dan Jesus said, 'When you set on a foy you shoodna joost bid your faimily an freends an fock dat ir weel-aff, fir dey'll joost aks you back. Whan you hae a foy, aks instead fock dat ir ill-aff, an owld, an hirplin, an no muckle wirt – fock dat canna aks you back – an dan you'll hae dön somethin aafil göd, an da Göd Man 'll no firgit.'

So Jesus telt dem a story.

Some-ean wance hed a graet foy. An he bad aa da weel-aff fock ta come tae his foy. Bit whan da time cam, dey med on dat dey coodna come. Da first ean said, 'A'm taen ower some new laand an A'll need ta look tae it. A'll no mak da foy.' Da nixt ean said, 'A'm bocht twartree stots an A'll need ta see ta dem. A'll no mak it edder.' Da ean efter dat said, 'A'm joost gotten mairried – an shö'll no lat me oot o her sicht. I joost canna come.'

119

Da ean haddin da foy wis pitten aboot at dis, so he said tae his servant, 'We'll firgit yon lot. Geng furt an fin wha-ivir du can, an tell dem dat dey're bidden ta da foy. Aks fock dat ir ill-aff, an owld, an hirplin an dem dat ir no muckle wirt.'

So da man gied an aksed dem an dey cam. An da man said ta his mester, 'Da fock ir aa here bit der's still plenty o space.'

Da mester said, 'Dan raik aroond even mair – an mak idders come as weel, fir I want dis place ta be foo o fock. I tell dee dis, nane o dem dat wir first aksed sal be bidden again ta da foy.'

Luke 15:1–7

Da Lost Sheep

Ee day a lok o ill-trickit an ill-vaandit craetirs cam ta listen ta whit Jesus hed ta say. Bit da holy fock wirna aafil plaesed.

So Jesus said, 'Whit if wan o you haes a hunder sheep an losses wan o dem, whit wid you dö? You wid laeve da rest an geng an seek fir da ean dat wis lost. An whan you fan it you wid be foo o joy. You micht even want ta lay on a foy. In da sam wye der'll be a foy i da Göd Place whan ee pör body comes göd.'

Luke 15:11-32

Da Wanless Craetir

It hed been on his mind fir a start. So he gied tae his fedder an pat it tae him. 'Fedder', he said, 'wan day du'll laeve dis laand fir me ta share wi my owlder bridder. Bit A'm young an fit an wid be able ta mak somethin o it noo. Wha kens whit things 'll be lik in years ta come.' Da fedder wisna aafil plaesed bit he gied in an he spleet da laand an gied da young ean his share, tinkin dat he micht tak mair o an interest i da place.

Bit twartree days later da young craetir selt his share o da laand an med aff wi da money. He gied ta some foreign place an haein sae much money da oolit wasted it on a lok o bruck. Wan day der wis naethin left. Aboot dis sam time der wis a very pör hairst i da place an aabody wis fantin. So wi nae money an naethin ta aet he gied tae a fairmer an aksed fir wark. He got a job – feedin da grice. Da grice wir better fed dan he wis an he aften felt lik helpin himsel tae dir maet. Da peerie scaar o maet dat he got aye left him fantin.

Ee day he cam tae himsel. 'My fedder's wirkers ir traetit better dan dis', he towt. 'A'll set aff fir hame an see if I can git a job aside wir fock. Bit whit sal I say ta da owld man? A'll say – Fedder, A'm dön ill ta dee an ta da Göd Man. A'll understaand if du wants ta disown me fir A'm no fit ta be caad dy boy, bit wid du tak me on as a pey'd wirker?' So aff he set.

He wis still a piece fae hame whan da fedder saa him comin. Da owld man's haert filled up. He wis dat blyde ta see da boy dat he ran an took a howld o him an gied him a kiss.

'Fedder', da boy said, 'A'm dön ill ta dee an ta da Göd Man A'm no göd anyoch ta be caad dy boy…' Bit afore he hed time ta feenish whit he wis sayin, da fedder shouted tae his wirkers, 'Pit a scrit on an bring me a goon. Pit a ring apo his finger an shön apo his feet. Dan go an tak aff da best o wir kye fir wir gyaan ta hae a foy. Fir my boy dat wis gien fae wis is come back. He wis cassen awa bit noo he's aside wis again.' An so da foy got underwye.

Da owlder boy tho wisna ower plaesed wi whit wis happenin an widna join da foy. So da fedder cam an aksed him ta come. Bit da owlder boy said, 'A'm wrocht ta dee fir years an whit am I gotten oot o it? Nivir wance haes du set on a foy fir me an my freends. Bit dis wanless craetir wastes dy money on drink an weemin an du's dat blyde ta see him hame dat du taks aff da best o wir kye fir a foy tae him.'

'Boy', da fedder said, 'du's been aside me aa dis time an aathing I hae is dine. Bit is hit no richt dat we shood be blyde ta see dy bridder back? He wis cassen awa bit noo he's aside wis again. He wis gien fae wis bit noo he's come hame.'

Luke 16:19–31

A Pör Body Caad Lazarus

Der wis eence an aafil weel-aff craetir dat bed in a muckle hoose. Iviry day he pat on da finest o claes. Iviry day he ett da best o maet, an iviry day a pör body caad Lazarus sat ootside his muckle hoose hoopin dat some göd micht come his wye. Bit da only göd he got wis da freendship o da stray dugs dat cam ta spaek. Dis pör body wissed dat he cood hae even da maet dat da weel-aff craetir bal'd oot. Ee day da pör body dee'd an gied ta da Göd Place. Da weel aff craetir dee'd an aa – bit da Göd Place widna hae him.

Hoo different it aa wis. Da pör body wis happy at last – da weel-aff craetir wis aafil vexed. So da tormented sowl shargit, 'Fedder Abraham, tak peety apo me. Pit Lazarus tae me ta be a comfirt.'

'Boy', said Abraham, 'is du firgotten da wye dat du traetit him? Whan du wis fillin dy face du nivir wance gied him a mooth o maet. An noo du lippens him ta be göd ta dee? Whit is du tinkin?'

'Weel', shargit on da tormented craetir, 'cood du no send him ta my bridders – ta pit dem richt so dat dey dunna end up lik me?'

'Tinks du will dat mak ony odds?' said Abraham. 'If dey winna read da Göd Book an tak heed o whit it says, dey're nivir gyaan ta pey ony attention ta some-ean even if dey're sent be da Göd Man.'

Luke 17:11–18

Wan Gratefil Sowl

Ee day Jesus wis headin fir Jerusalem. He wis traivellin atween da twa districts o Galilee and Samaria. As he cam inta a village a gadderin o ill-lookin men roared at him, 'Jesus, tak peety apo wis.'

Dey widna come near him, fir dey hed leprosy an dey wir bidden ta bide awa fae idder fock. Bit dey kent dat Jesus hed helped idder eans an maybe he wid help dem as weel.

Jesus said ta dem, 'You ken whit ta dö. Geng an shaa yoursels tae da priests an dey'll lat aabody ken you're better noo.' So aff dey gied an did as dey wir telt.

As dey headed alang da rodd, dey wir awaar dat dir skin hed bettered up. Wan o da men wis dat blyde dat he wis better dat he started ta praise da Loard. An he turned richt back ta tank Jesus fir whit he hed dön. Noo dis man wis wan o da fremd fae Samaria. Da rest o dem wir aa Jews.

Jesus said ta da fock roond aboot, 'Whit's come o da rest o dem? Wis dis uncan body fae Samaria da only wan dat towt ta gie tanks ta da Loard?'

Luke 18:9–14

Loard, tak Peety upo me

Ee day twa men gied ta da Kirk ta say dir prayers. Wan o dem wis towt ta be aafil göd livin. Iviry Loard's day he wis at da Kirk – a very respectable body. Da idder body wis a man dat gaddered tax – a queer craetir dat naebody likit.

Da first ean stöd afore da fock an said, 'My Loard, I gie dee tanks dat A'm no lik idder fock dat ir ill-döin an ill-vaandit. Göd kens I dö richt, an I aye gie a lok o siller ta da Kirk.'

Da taxman widna geng afore da fock bit stöd whaar he wis an wi vexation in his haert he said, 'Loard, tak peety apo me. Forgie aa my faats an mak me truly göd.'

'Noo', said Jesus, 'wha tinks du did da Göd Man heed?'

Luke 19:1–10

Pittin Zac Richt

Jesus wis makkin his wye trowe Jericho. In dis toon wis a peerie man caad Zac wha hed mair siller dan he kent whit ta dö wi. He hed med aa his siller be layin mair tax on da fock dan he shood've dön. Bit he wis aafil pitten aboot in himsel an towt dat Jesus cood gie him a haand ta sort himsel oot. Da only budder wis, he wis dat peerie dat he coodna see ower da idder fock ta fin oot whit ean wis Jesus.

So he gied a piece afore da idders an clam up a sycamore tree. As Jesus cam alang he stöd afore da tree an lookit abön him. 'Zac', he said, 'come dee wis doon. A'm gyaan ta bide aside dee taday.' Zac cam doon richt awa an wis foo o joy.

Da fock dat wir staandin aboot wir pitten oot. 'Dis göd man', dey said, 'haes gien ta be aside dis ill-naitered, ill-vaandit craetir dat gengs wi aa dat we hae.'

Zac didna need ta be mindit on dat. So he said ta Jesus, 'Dis very day A'll gie half o whit I hae ta dem dat's pör. An fae dem dat A'm taen ower muckle – A'll haand back fower times da extree A'm taen.'

An Jesus said, 'Salvation haes come ta dis place. Dis is a bridder o wirs an hit's göd dat he's back aside wis. A'm come ta fin an ta pit richt dem dat ir cassen awa.'

Luke 21:1–4

Da Weedoo's Ha'pny

Jesus sat i da Temple watchin an takkin it aa in. Dem dat hed plenty cam by an wi a graet flap, so dat idders wid notice, dey pat a clash o coins i da plaet. Whan naebody wis lookin – idder as Jesus himsel – a pör body slippit in an pat i da plaet twa peerie ha'pnies. Wi a graet styooch Jesus raise tae his feet an said, 'Sus du yon. Shö's pitten in her very last ha'pny. Shö's pitten in aa dat shö cood. Aa yon idder fock dat's pitten in plenty hed plenty ta pit in bit shö, bliss her, haes gien da very money dat shö wis dependin on.'

John 3:16–17

Da Göd Man's Love

Fir da Göd Man loved aabody on aert in sic a wye dat he gied his only son. Dem dat hadds in tae him sal hae nae ill bit sal aye bide wi da Göd Man. Fir da Göd Man pat his son among wis no ta judge wis bit ta gie wis love an gödness an ta pit wis richt wi himsel.

John 4:7–26

At da Well

Ee day Jesus sat be a well o watter. He wis led by wi da haet. His freends gied inta da toon fir maet. As he rested, an uncan wife cam by ta fetch watter. So Jesus aksed if she wid gie him a drink. Da wife, wan o da fremd, wis pitten aboot.

'Your fock an wir fock dunna spaek', shö said. 'So whit wye is du aksin me fir a drink?'

Jesus said back tae her, 'If du kent whit wis written doon an cood see ta understaand, an if du kent wha wis aksin dan it wid be dee dat wid be aksin him, an he wid shön gie dee livin watter.'

Bit da wife said, 'Du haes nae daffik. Hoo is du gyaan ta git dis "livin watter"?'

Jesus said, 'If du drinks dis well watter du'll shön hae a trist on dee, bit if du taks my watter o life du need nivir worry mair, fir hit's like a spring o watter athin dee dat'll gie dee eternal life.'

Da uncan wife didna ken whit ta mak o aa dis, so shö said, 'Da Messiah is comin – an whan he's aside wis he'll shaa wis whit it's aa aboot an dan we'll understaand.'

Jesus said, 'Du's spaekin tae him noo.'

John 10:1–16

Da Göd Shepherd

Jesus said, 'Whit A'm tellin you is richt. Wha-ivir dusna come in ta da crö be da grind is dere ta tak whit dusna belang tae him. Da shepherd gengs in da richt wye; some-ean opens da grind fir him an da sheep tak aff efter him fir dey ken wha he is. Dey dunna geng efter an uncan body dat dey're no wint wi.'

Jesus' freends didna tak in whit he wis gittin at so he pat it lik dis. 'A'm here ta see ta da sheep. Idder eans havna really cared aboot dem an hae joost caased a lok o budder. Bit A'm here ta gie you da very best. A'm da Göd Shepherd an I gie my very sel fir da sheep.

'Some-ean dat's taen on ta wirk flees awa whan der's ony budder, fir he dusna care anyoch fir da sheep. Bit I care, fir I am da Göd Shepherd. In da sam wye dat da Fedder kens me an I ken da Fedder, so da sheep ken me. An dey ken dat A'm willin ta dee fir dem. Der's idder sheep dat ir mine as weel dat ir no i dis crö. I hae ta caa dem in as weel an dan dey'll aa be tagidder.'

John 14:1–7, 27

Da Richt wye wi Jesus

Dunna be in a trachle. If you hae feth i da Göd Man, hae feth in me as weel. In my Fedder's hame der's plenty o room – you hae nae faer o dat. A'm gyaan ta mak ready a place fir you. An A'll come back an tak you tae mysel – so dat whaar I bide you'll bide tae. An you ken da wye A'm gyaan. Tammas said ta him, 'Loard, we dunna ken whaar du's gyaan. Hoo can we ken da wye?' Jesus said, 'I am da wye, da truth an da life. Naebody comes ta da Fedder bit trowe me. If you kent me den you wid've kent my Fedder as weel. Haein seen me, you've seen him.

'My paece I laeve tae you. My paece dat'll aye be wi you. Dis is da kind o paece dat da wirld can nedder gie nor tak awa. So dan you needna hae ony faer. Lat your haerts be at paece.'

Luke 22:14–20

Da Passover

Whan da oor cam he set himsel doon aside his freends at da muckle table. Dan he said ta dem, 'I want ta share dis Passover wi you afore I siffer. Fir listen, A'll no aet it again afore da Göd Man's reign. An he lifted da cup an gied tanks an said, 'Tak da wine an share it, fir A'll no drink it again afore da Göd Man's reign.'

An he took da bread an whan he'd gien tanks he brook it an said, 'Tak dis. Dis is my very sel – boady an sowl – brokken fir you. Dö dis as you mind on me.' In da very sam wye, whan dey hed feenished aetin, he took da cup an said 'Dis wine dat's poored oot fir you is da new covenant in my blöd. Dö dis as you mind on me.'

Luke 22:39–53

Judas Betrays his Mester

Judas wis a mixed-up craetir. Ta his wye o tinkin, Jesus shood've taen his chance ta hae a go at da Romans as weel as da holy eans i da Temple. Aa da fock wir on his side an wid've fowt fir him. He coodna understaand Jesus, an feelin lat doon, he wis in a dirl o confusion. Maybe if he forced Jesus' haand, Jesus wid come göd – at laest ta his wye o tinkin. Bit his dirl o confusion got da better o him, so whan dey wir aa sittin aboot da table at da Passover he med some excuse an slippit oot. He set aff fir da Temple ta lat da eans dere ken dat he wid tak dem ta Jesus.

Aboot dis time Jesus hed gien furt seekin ta git some paece on da Hill o Olives – bit he fan non. He prayed ta da Loard ta tak da cup o sifferin fae him, bit he kent dat he hed ta dö whit wis led oot fir him.

Jesus wis joost risin tae his feet whan da nixt dat appeared wis Judas wi a gang o men. Judas kissed Jesus.

Jesus said, 'Whit kind o freendly wye is dis ta betray me?'

Jesus' men cam ta life an gied fir dir swords, bit Jesus telt dem ta tak paece. Dan he said ta da gairds fae da Temple, 'Dis is a strenge wye ta come fir me i da middle o da nicht, airmed wi swords an clubs. Whit wye did you no come fir me trowe da day whan I wis aside you i da Temple? So, dan, you've come whan it's dark, fir your haerts and towts ir black wi evil.'

Luke 22:66—23:25

Pilate wi Jesus

At da rivin o da dim dey started ta aks Jesus questions, hoopin dat he wid condemn himsel wi his ain wirds. An dey wanted ta pit him tae daeth, fir wance he wis oot o da rodd dey wid hae naebody ta budder dem an dey cood dö whit dey likit. Bit dey hed nae pooer ta pit ony-ean ta daeth so dey haanded Jesus ower ta Pilate, da Roman in charge.

Whan Pilate saa whit wis gyaan on he wis pitten oot, fir he kent fine weel dat Jesus wis a göd sowl dat didna deserve aa dis. Bit onywye he aksed whit wrang Jesus hed dön. 'He steers up da fock', dey said. 'An he tells aabody dat he is da king.'

So Pilate pat dat ta Jesus. 'Is du da King?' he aksed.

'Dat's whit du's said – no me', Jesus telt him.

Efter a start Pilate said, 'I can fin nae faat wi him. A'll joost lat him go. Efter aa, we aye lat some-ean go at dis time o year.'

Bit da fock dere turned on Pilate an lat him ken dat dey widna lat dis drap. 'Du can lat Barabbas go', dey said. 'An du can pit Jesus on a cross.'

Pilate protested, bit he need nivir 've buddered. 'Pit him on a cross', dey roared. 'Pit Jesus on a cross.'

An Pilate at last gied in – an felt aafil aboot it.

Luke 23:27–47

Da Crucifixion

An da fock stöd aboot watchin – an da weemin wir greetin.
An Jesus said, 'Dunna greet fir me bit fir yoursels. You'll
hae mair ills ta trachle you.' An dey pat him on a cross
an twa idders forbye. An he said, 'Fedder, forgie dem.
Dey hae nae idea whit der dön.' An joost afore he dee'd
he wis heard ta roar 'Loard, whit wye is du gien fae me?'
Dan he said, 'Fedder, in ta dy haands I gie my sowl.' An
wi dat he wis gone.

    Da Centurion dat wis staandin by said, 'Dat man
really wis göd.'

John 20:11–18

Da Resurrection

Mary wis staandin greetin aside da place whaar dey hed pitten da Loard's boady. As shö gret shö saa some-ean richt afore her. He spak tae her an said, 'Wife, whit is du greetin fir? Is du lookin fir some-ean?' Tinkin dat he wis da man dat lookit efter da place, shö said tae him, 'Sir, if du's taen him awa tell me whaar du's pitten him an A'll come an see tae him.' An Jesus said joost wan wird tae her – 'Mary'. Shö lookit richt at him an said, 'Mester.' Jesus said, 'Dunna try an hadd on ta me fir things ir different noo, tho A'm no yet gien up ta da Fedder. Bit geng ta my bridders an tell dem dat A'm gyaan up ta my Fedder abön – wha's your Fedder abön as weel.'

An Mary gied an telt da disciples, 'A'm seen da Loard.'

Luke 24:13–35

On da Rodd Hame

Twa o Jesus' freends wir headin hame tae a peerie village caad Emmaus dat wis twartree miles fae Jerusalem. Dey wir aafil doon apon it fir dey didna ken whit ta mak o da grief an budder o dis past helly. Da aafil things dat happened on Friday dat ended wi Jesus on a cross. An noo somethin dat wis even harder ta tak in – da weemin comin wi a story dat dey hed seen Jesus dat very moarnin.

As dey traivelled, Jesus joined dem, bit somewye or anidder dey didna ken dat it wis him. 'Whit's budderin you?' he aksed dem. Dey telt him dir story aboot aathing dat hed happened ta dir freend Jesus.

Jesus dan said ta dem, 'Is dis no da wye dat it wis meant ta happen, dat da Messiah wid siffer an be pitten ta daeth afore he cam ta glory? Dis wis da Loard's wye ta bring fock tae dir senses, an salvation tae da wirld.'

Whan dey cam tae Emmaus, Jesus seemed ta be traivellin on ferder so dey said tae him, 'It's gittin late. Wid du no come an bide aside wis?' So Jesus gied inta dir hoose an bed wi dem. Whan dey wir haein dir supper, Jesus took da bread an blissed it. Dan he brook it an haanded it tae dem. An at dat very meenit, it dawned on dem wha he wis. Bit Jesus wis gien i da blink o an ee. An hoo vexed dey wir dat dey hidna kent dat it wis him on da rodd hame. An hoo blyde dey wir dat dey hed seen Jesus – dat blyde dat richt awa dey set aff fir Jerusalem ta tell da idder eans.

John 20:24–9

Tammas Winders

Tammas wis a kind o canny craetir an wis aye winderin an aksin questions aboot aathing. Somewye or anidder he wisna wi da idder eans whan Jesus hed come among dem. So dey said ta Tammas, 'Wir seen da Loard.'

Tammas said, 'Aless I see da Loard fir mysel, I canna tak dis in. I want ta see whaar da nails gied in his haands an whaar da marks ir on his boadie.'

Twartree days later dey wir aa tagidder in a room wi da door keyed. Jesus cam among dem an said, 'Paece be apo you.' Dan he spak ta Tammas. 'Set dy finger yonder an see da state o me haands', he said. 'An pit dy haands apo me side. Hit's joost da wye dey left it. Doot nae mair Tammas, hit really is me.'

Wi his head boo'd, Tammas said, 'My Mester an my Loard.'

Jesus said, 'Noo dat du's seen me du haes feth. Blist ir da fock dat hae feth ithoot seein me.'

Acts 2

Da Speerit o Jesus

Da fock dat hed been wi Jesus wir aa faerd an winderin whit wis gyaan ta happen nixt. Dey wir aa bidin tagidder, bit didna ken whit ta dö or whit ta lippen. Wan day as dey sat aboot, der wis an aafil dunder i da lift, dat dey didna ken whit ta mak o. Dan der wis a gael o wind dat cam in aboot dem an filled da hoose. Der dan cam blinks o fire dat lichtit on iviry-ean.

Dey gied oot an dey aa started ta spaek in a strenge kind o wye – so dat da fremd kent whit dey wir sayin. A lok o fock stöd aboot winderin whit wis gyaan on. Some o dem towt dat da men wir joost been ower freendly wi da wine.

Bit Peter pat dem straicht. 'Wir no been drinkin', he said. 'Dis is whit da owld prophet said wid wan day happen.

'Wan day da Loard will poor oot his speerit on aabody. Young boys an lasses 'll gie you my message. Young men 'll understaand hoo things shood be. Owld men 'll fill dir imagination an see whit wid mak life perfect. Men an weemin 'll praech fir me an tell you whit's in my haert.

'You'll see things da lik o whit you're nivir seen afore, things dat you coodna even dream aboot. Da sun 'll geng black, an da mön geng red – an dan you'll ken dat da day o da Loard haes come – a day dat will mak you vimmer an winder. Wha-ivir seeks da Loard dat day 'll be saved.'

Dis wis da start o somethin winderfil an new. A time whan things happened dat you cood hardly believe. Dem dat hed feth wir closs an dey shared aathing. Dey med sure dat aabody hed whit dey needed. Iviry day dey wir ta be fun at da Kirk; iviry day dey hed dir maet tagidder; an iviry day dey praised da Loard.

Acts 9:1–22

Saul comes Göd

Saul wis still aafil oot apo da Loard's freends. So he gied ta da High Priest an aksed fir a letter ta gie him da richt in laa ta hae ony o Jesus' fock pitten i da jail. As he cam tae a place caad Damascus, an aafil bricht licht – lik da mirry-dancers – lichtit up da lift. Saul fell apo da grund an dan he heard some-ean spaekin.

'Saul, Saul whit ails dee? Whit wye is du sae inviterate?'

'Wha is du?' Saul aksed.

'I am Jesus dat du's aye layin oot fir. Bit rise ta dy feet an geng inta da toon an dere some-ean 'll spaek ta dee.' Da fock dat wir wi Saul stöd winderin at whit wis happenin. Saul wan tae his feet bit somewye or anidder he coodna see. So dey took his haand an led him inta da toon. Fir tree hale days he coodna see an he didna preeve a morsel. Dan ean o Jesus' freends caad Ananias gied ta meet wi him an telt him aa aboot da Loard. He led his haands apo Saul an gied him da Loard's blissin. Dan Saul cood see again an he began ta tak hit aa in. He pat his life i Jesus' haands, gled dat he hed fun his wye at last.

Romans 8:31–9

Da Love o Christ

Whit dan sal we say aboot dis? If da Göd Man is fir wis whit dus it maitter wha or whit is fornenst wis? Him dat gied wis his very son, will he no mak things richt fir wis? Wha wants ta gie wis budder or trachle? If da Göd Man is wi wis, whit can pit wis doon? Jesus gied himsel fir wis. He dee'd fir wis, an fir wis da Göd Man brocht him back ta da livin. Will he no tak care o wis? Whit'll keep wis awa fae da love o Christ? Will ony warsel or trachle, or budder or eans fornenst wis, or fantation, or bein midder-nakit, or things ta mak wis faerd or ta mirackle wis?

Na, we can rise abön aa yon trowe him dat loved wis. Fir A'm sure dat no even daeth, nor life, nor angels, nor dem wi aa da pooer i da wirld, nor things abön wis, nor things in anunder wis, nor ony idder thing in Göd's mak can tak wis awa fae da Göd Man's love in Christ Jesus wir Loard.

Romans 12:9–21

Richt Love

Lat da love dat's athin you be richt.
Hadd aff o you whit's ill.
Hadd on ta whit's göd.
Be lik bridders ta wan anidder an aye be at your best.
Lay at wi a göd haert.
Be foo o da Loard's Speerit an dö his bidding.
Be gled o da hoop you hae,
hadd oot ta times o ill,
an pit yoursel i da haands o da Göd Man.
Gie ta idders dat needs a haand,
an be blyde ta tak fock in.
Bliss dem dat's aye layin oot fir you.
Bliss dem an dunna wiss ill apo dem.
Hae a spree wi dem dat's laachin.
Greet wi dem dat's greetin.
Live paeceably wi wan anidder.
Dunna git abön yoursel – joost be yoursel
an be gled o whit you hae an dö.
Dunna be ill ta dem dat's ill ta you.
Dunna lay oot fir idder fock –
lat da Loard mak things richt.
If some-ean is ill ta you – be göd ta dem.
Gie dem maet or whitivir dey need.
Dat wye you'll mak dem affrontit wi whit dey're dön.
Dunna lat ill tak ower your life
bit rise abön it be döin göd.

1 Corinthians 13

A Sang o Love

If I dunna hae a coarn o care
or a drap o kindness
dan nae maitter hoo göd I look
or hoo göd I sund
der's naethin tae me.

Tho I shood hae sixth sense
an graet wit an wisdim,
an tho I cood shift muckle hills,
bit hae nae care or kindness
der's naethin tae me.

Tho I shood gie my last ha'pny
or even gie mysel,
bit hae nae care or kindness
dan whit use am I tae onybody,
nedder I nor dem ir ony better aff.

Love aye taeks paece, an is aye göd.
Love dusna worry aboot whit idders hae
an it nivir draas attention tae itsel.
It nivir pits itsel abön idders
an nivir pits idders doon.
Love nivir wants its ain wye
an nivir taks da dorts.
It's no blyde whan things geng wrang,
bit is blyde wi whit is richt.

Love hadds fast ta aathing;
it hadds on ta aathing;
it hadds at aathing;
an hadds oot ta aathing.
Love nivir whets.

Some day a lok o things 'll come tae an end.
Winderin whit lies afore you,
wirkin oot whit fock ir really sayin,
an tryin ta understaand aafil clivir notions.
At da end o da day der's nane o dem dat important;
whit's really important will wan day come ta licht.

Whan I wis peerie, ivirything I said an did
wis joost whit a bairn wid say an dö.
Bit der cam a time whan I hed ta grow up,
a time whan I hed ta gie up da wyes o a bairn.
We dunna really see ivirything as we shood
tho der'll come a day whan we'll understaand aathing,
joost as da Göd Man understaands aathing aboot wis!

Tree things 'll nivir laeve wis –
feth, hoop an love –
bit da best o dem is love.

Philippians 2:1–11

Be da sam as Jesus

Livin i da sam wye as Jesus an livin wi his strent an wi his speerit in your sowls, be open-haerted an open-haanded. Dunna joost geng efter things fir yoursel an dunna aye be pittin yoursel abön idders, bit be moaderate in your tinkin an in your döin.

Be da sam as Jesus – wha, tho he wis da likly o da Göd Man, wis plaesed ta bide aside wis an be da likly o wis. I tell you, he cam ta wis lik a servant an lik a biddable sowl he took aa wir faats apo himsel. An fir wis he wis pitten on a cross an left ta dee. Bit da Göd Man lifted him up fae daeth an set him abön aabody i da Göd Place, his name aye ta be speecial, so speecial dat aabody i da Göd Place an aabody i da wirld 'll say an shaa dat Jesus is Loard – an in dat wye dey'll praise da Göd Man.

Colossians 3:12–17

Hap Yoursels wi Love

As da Göd Man's bairns, göd an weel loved, hap yoursels
aboot wi kind towts an gödness; tink nae mair o yoursels
as you need ta; an aye tak paece. You man pit up wi idder
fock an whan some-ean dus you an ill-turn forgie dem.
As da Göd Man haes forgien your faats, so forgie da faats
o idders. Abön aa dat hap, yoursels wi love, da love dat
hadds aathing tagidder. An lat da paece o Christ bide in
your haerts, fir dis is da very thing dat he seeks fae iviry
wan o wis. An dunna firgit your blissins. Lat da lear o
Christ bide athin you an share hit wi aabody. Sing praise
ta da Göd Man an whitivir you say or dö – dö it i da name
o da Loard Jesus, giein tanks ta da Göd Man trowe him.

James 2:1–18

Shaain your Feth

You shood traet aabody da very sam. If a posh body comes ta your meetin an a pör body – dunna mak a fuss o da wan an no da tidder. Fir listen, bairns, didna da Göd Man tak da pör wi nae gear an mak dem weel-aff in feth.

You hae ta mak sure dat you aye live be da Göd Book an dat 'You love your neebir lik yoursel'. You hae ta shaa idders mercy an no aye be layin oot fir dem. Fir whit sense is der in makkin oot dat you hae feth an dan döin naethin aboot it. Feth alon is no anyoch. If some-ean comes tae you ill-claed an fantin you canna bliss dem ithoot giein dem somethin richt ta pit apo dir backs an maet ta fill dem. So feth ithoot gödness is no muckle use.

Some-ean 'll say, 'You hae feth an I dö göd'. Shaa me hoo dat can wirk. Be da göd I dö A'll shaa you da feth I hae.

171

Revelation 21:1–4, 10;   22:3–5

A New Heeven an a New Aert

Dan I saa a new heeven an a new aert. Da owld heeven
an da owld aert hed gien, an da sea wi dem. An I saa
da Holy Toon, da New Jerusalem, comin fae da Loard i
da Göd Place. Hit wis joost lik a young bride set fir her
waddin. A body wi a lood voice said, 'Da Göd Man's hame is
wi his fock. He will bide aside dem an look efter dem.
He'll aye be wi dem an aye watch ower dem. He'll tak
awa aa dir ills – an even daeth, an grief, an greetin will
budder dem nae mair. Whit's owld will hae gien fir göd.'
Dan da Loard's Speerit took a hadd o me, an I wis lifted
up ta da very heichts. An fae dere I saa wance mair da
Holy Toon, da New Jerusalem.

Da Göd Man's saet, an dat o da Lamb's, 'll be i da
Holy Toon, an dere his fock 'll come ta worship him. Dere
dey'll see him face ta face an his mark 'll be apo dem.
Dere dey'll be nae mirknen an dey'll need nae lamp nor
yit da glöd o da sun, fir da Loard, da Göd Man, 'll be dir
licht an wi him dey'll reign firivir.

Acknowledgements

I am greatly indebted to those who have given me help and advice in the writing of *A Shetland Bible*, particularly Ian Jamieson, Kathleen Stephen and my wife Diane. Mary Blance and Laureen Johnson provided invaluable guidance in the use of the Shetland dialect and assisted with the proofreading of the script. I am grateful to Rev. Douglas Nicol for his support and also to John Johnston who recorded the accompanying CD.

The readers on the CD are Mary Blance, Charles Greig, Cynthia Jamieson, Ian Jamieson, Laureen Johnson, John Sinclair and Mary Tate.

Glossary

abön – above
aert – Earth
aesy – easy, easily
aets – oats
affrontit – ashamed
aless – unless, except
almark – a sheep that jumps over
  dykes or breaks through
  fences
anyoch – enough
athin – within
ayre – beach

bal – to throw away
bide – stay, live with
biggit – built
birse – anger
blink – flash
blyde – happy
boady – physical body
body – a person
black fantation – severe famine
braaly – pretty, fairly
breer – first shoots of a crop
bruck – rubbish, nothing
  worthwhile
a bruck o bens – a useless
  bundle of bones
budder – bother

cassen awa – lost (usually
  through death)
clair – ready

coose – heap
cöshin – cousin
craetir – creature
crö – sheep-fold

da – the
daal – valley
daander – wander slowly
daar – dare
daffik – a wooden bucket
darn – sew (i.e. in order to mend)
der – there (as in 'there is'), they
  have
dere – there (referring to a place)
deuk – duck
dey're – they are
dim – darkness
dir – their
a dirl – right bustle
doon apon it – sad, depressed
doonfaa – downfall
doontöm – downpour
tak da dorts – to sulk, to take
  offence
dwaam – daydream

ert – direction

faats – faults
faerd – afraid
fantation – hunger
fantin – hungry
fash – bother

fedder – father
feth – faith
feyt – fight
fock – folk
föl – fool
fools – birds
forbye – as well as
foremist – first
fornenst – against
fowt – fought
foy – a celebration
freend – friend
freend ta – relative of
da fremd – foreigners, strangers
furt – outside

gaffed – laughed
gear – goods, possessions
geng – go
gie – give
gied – gave, went
gied peerie wyes – proceeded
    cautiously
gien – given, gone
girse – grass
glöd o da sun – glare of the sun
glower – stare intently, to stare in
    a disapproving and hostile
    way
göd – good
da Göd Man – God
Göd's mak – creation
göd uncans – good news
gowl – weep loudly, howl
grain – small amount
greff – bottom of a pit
grice – pigs
grind – gate
guddick – riddle
gyaan – going
gyaan trang – in a steady
    relationship

far Haaf – distant fishing grounds
hadds ower you – protects you
hairst-rig – harvest field

helly – the weekend
hidmist – last
hinder – prevent
hinder end – very last
hird – to gather crops
hirdin – harvesting
hirplin – walking with a limp
hoid – hide
hoop – hope
hoosumivir – however

i – in
ill-döin – wicked
ill-lik – unattractive
ill-trickit craetirs – folk who are
    up to no good
ill-vaandit – disagreeable,
    offensive
inviterate – stubborn, wilful,
    hardened against
ir – are

kame – hill, ridge of hills
kyucker up – to revive

ta tak in laand – to enclose a
    piece of land to cultivate
langsome lipper – 'lazy beggar'
lattin – allowing
layin at – getting stuck into work
layin oot fir – speaking ill of
lear – teaching
led by – worn out
led him up – set before him
lichtit – lighted
lift – sky
lik – like
da likly – the likeness of, the same
    as
limmer – woman of dubious
    reputation
lippen – expect
lippered ower – overflowed
lipperin – overflowing
livin an life tinkin – looking
    forward to life

lok – lot
lookit aafil … – seemed very …
lowin – burning
lowse apo wis – take his anger out on us

maet – food
mak a bruck – destroy
makkin on – pretending
man – must
manna – must not
midder – mother
midder-nakit – stark-naked (with the implication of being vulnerable)
mirackle – to injure severely
mirk – dark
mirknen – darkness
da mirry-dancers – the Northern Lights
moaderate – calm, collected and sensible
a mooth o maet – a morsel of food
möld-rich – extremely rich
muckle – big

nae faer o dat – you can be sure of that
naethin wid come at me – nothing would harm me
naewye idder – nowhere else
neebin ower – falling asleep
neebit ower – fell asleep
nivir clappit your een on – never before seen
nivir leet – don't worry about, don't pay attention to
nyirgit – complained bitterly
nyook – corner
onkerry – a disturbance
oo – unspun wool
oobin – moaning, crying
oolit – a troublesome person
ta open my haand – be generous

paets – peats
peerie – small

peerie scaar – a little drop, meagre portion
pit – send
pit a scrit on – hurry
pitten aboot – anxious, frustrated
pitten oot – upset and annoyed
poo – pull
pooer – power
pooskered – exhausted
pör – poor
pör aamos craetir – poor helpless person
pör body – poor soul
preeve a morsel – eat a thing

raik aroond – wander about
ransellin – rummaging
rant – jump about, dance
reck – reach
reek – smoke
rigs – fields
rive – tear
da rivin o da dim – dawn
rodd – road

saain – sowing
sain – bless
sained – blessed, anointed
shargit – nagged
sheelds – see **young sheelds**
shö took paece – she settled down and accepted the situation
shön – shoes
shön – soon
sic – such
siller – money
sindry – asunder
skurt – arms
slicht – smooth
soaroo – deep grief
sock – knitting
Solan – gannet
starn – star
a start – some time
steer – state of excitement, upheaval

steid – foundation
stons – stones
stots – young oxen
strae – straw
stravaig – journey
stravaigin – travelling
da streen – yesterday evening
strent – strength
styooch – fuss, disturbance (lit. dust flying)
sus du yon – just look at that!
sye – scythe

taen a laen o you – taken advantage of you
tak aff da best o wir kye – 'kill the fatted calf'
da tidder – the other
ting – a young child
tink – think
tirn – angry
towt – thought
trachle – struggle
trist – thirst
twartree – a few

uncan – strange, unfamiliar
uncans – see **göd uncans**
Upstaander – preacher

vaege – wander, travel
vaegin wanless – wandering aimlessly

vaelensi – violent storm
vand – a skill
vimmer – to tremble
voar an hairst – spring and harvest
voar speets – spring showers

wadder – weather
wanless – hopeless, aimless
wanless craetir – hopeless person
war – worse
warsel – struggle
whet – stop
whit wye – for what reason
win – to go, to get
winder – wonder
wint wi – used with
wir – our, we are
wir pitten oot – were jealous
wirna muckle wirt – weren't much good
wis – was, us
wisna set on fir dis – didn't want to do this
wisna ta be shifted – wouldn't change her mind
wisses – wishes

yarn – wool that's been spun
yock – to grab, to hold
young sheelds – young men
yowe – ewe